令和時代の日本人

~つながる力×自分ごと化~

フォーラム21　梅下村塾32期生　著

丸善プラネット

はじめに

この本を手に取られた皆さんは、自分自身や家族を取り巻く環境について、どう考えていますか？

とても良いわけではないがとても悪くもない、先行きに不安がないわけではないが、自分たちが何をしたところでどうにもならない、だから考えたってしかたがない……そんな思いを抱いていませんか？

そうは言っても、せっかく元号が新しくなったのだから、この機会にもっと明るい未来に転換しないかなぁ……という気持ちはありませんか？

まず自己紹介します。私たちは、平成の最後の年に「次世代のリーダー」育成を目的とする「フォーラム21梅下村塾」という異業種交流の場に参加する機会を得ました。所属している企業や官庁の立場を離れて、今の日本の課題は何か、その課題を解決して日本をより良くするためにはどうしたらいいかを塾是に沿って考え、提言をまとめ上げることに1年間を費やしました。

「フォーラム21梅下村塾」を設立した梅津昇一塾長の思いは、私利私欲を捨てて真に国の役に立つことにあり、提言は机上の空論であってはならず、自分たちが最大限力を尽くせば実行できる、地に足の着いたものでなければなりません。塾是の一番最初にある言葉が「流汗悟道」、汗を流して務めることで道は拓けるという意味の言葉ですが、この提言をまとめ上げるまでの過程がそれを実践するものになっています。

総勢40名の男女を10名ずつ、４つの分科会に分けます。この本の第1章から第4章で取り上げた各テーマに対応する各分科会を週2回のペースで開催し、課題認識から議論していきます。1～2カ月に1回は、梅津塾長や企業・官庁でトップレベルまで務められたＯＢに、課題認識や提言のイメージ等を披露します。当然のように毎回厳しい指摘をいただき、すぐにやってくる次の報告機会までに課題を克服しないといけない、その繰り返しでした。このほか、頻繁に著名人の講演会に参加しただけでなく、流汗悟道の精神に則ってさまざまな分野で活躍している方々のお話を聞くフィールドワークも数多く行いました。

次世代のリーダーを目指すためには、日本人としての素養を磨く必要もあります。日本の伝統文化を代表する坐禅や茶道などの修養を積んだり、自衛隊に体験入隊する機会もありました。自衛隊における体験は、平均年齢45歳前後で運動不足の私たち中年世代には、さすがに限界に近い体験でした。文字どおり大いに汗を流しただけでなく、匍匐《ほふく》前進でできた擦り傷からは血もにじみました。

このような活動を通じて、私たちは固い絆で結ばれるようになりました。友と交わり友情を育むことで、塾是にもある「交友知愛」を実感しています。愛の精神があってこそ、今まで自分たちが認識していなかった課題を「自分ごと」にでき、共に汗を流した友、さらにはその枠を超えた人々とつながることにより、提言もより現実的になることを学びました。

この本は、こうした1年間の活動の成果を提言にまとめて書籍化したものです。ここでご紹介した私たちの活動を頭の片隅に置いてこの本を読んでいただき、「自分ごと化」と「つながる力」こそ、日本をそして自分たちの将来もより明るいものに変えられる、そんな思いで読者がつながるようになることを願ってやみません。

目次

序章

粘土層管理職が覚醒する

平成時代の〈日本〉

令和の未来を語る前に、まずは平成を振り返ってみます。

平成は、バブルの絶頂のなかで幕を開けました。日経平均株価は平成元年（１９８９年）の大納会で３万８９１５円をつけました。地価も高騰し、東京23区の土地を売れば、米国全土の土地が買えると言われました。平成とは、日本が世界一の経済大国として羽ばたく希望に満ち溢れた時代でした。

しかし平成２年（１９９０年）に株価は下落に転じ、その希望は泡と消えました。株価や地価の下落は企業にバランスシート調整をもたらし、銀行の不良債権を膨張させ、金融システムを揺るがしました。バブルの後始末は長期に及び、日本経済は「失われた20年」を経験することになりました。

平成で失われたものは「希望」でした。バブル崩壊後の長期停滞が成功体験を奪い取り、将来の成長に自信を持てない企業は縮み思考に陥ります。企業が設備投資に消極的になり、賃金の引き上げにも慎重になると、家計は生活防衛色を強め、消費は低迷を続けました。そうなると、国民も将来の展望を描けません。

平成は人口減少の始まった時代です。平成20年（２００８年）をピークに、総人口は減少が続いています。少子高齢化は昭和の終盤から進んでいましたが、加速したのは平成です。世界に例がないスピードの高齢化が、日本の社会や経済の様相を大きく変えようとしています。

たとえば、平成を通じて生産年齢人口が大きく減少しながら、就業人口が増加しました。これは、働き手の中心であった男性の就業者は減少し、女性や高齢者という、いままで主たる担い手でなかった層が働きはじめたことを意味します。同時に、非正規雇用者が増大しました。これも女性や高齢者が中心です。非正規雇用者の割合は平成を通じて上昇し、雇用者全体の4割近くを占めるようになりました。しかし、企業が非正規雇用者を活用すればするほど、結婚して子どもを育てられない不幸を生んでいると、批判されることもあります。

平成時代の〈世界〉

平成元年（１９８９年）の大きな出来事は東西冷戦の終結でした。これをきっかけに、経済のグローバル化が急速に進みました。東欧など旧共産圏諸国が西側の資本主義経済体制に入ったことで市場規模が拡大し、巨大な多国籍企業が世界を股にかけて活動するようになったからです。とくに米国は、一強による経済的な優位性を背景に、新自由主義の考え方に基づいて経済のグローバル化を推し進めました。

ところが、近年はグローバル化のマイナス面が目立つようになりました。過度な規制緩和がバブルを生み出し、それが破裂すると世界的な通貨危機や同時不況を引き起こしました。また、自由競争を生き抜くために、企業は製造拠点を海外に移し、移民が賃金の安い国から先進国に移ろうとします。結果として、先進国の労働者は厳しい環境を強いられました。格差の拡大は世界的な潮流であり、反グローバル化の動きやポピュリズムの台頭はその現れです。

平成は世界経済の勢力図が一変した時代です。平成元年（1989年）をピークに、世界のGDPに占める先進国（G7）のシェアは大きく低下したのと対照的に、アジア新興国のシェアが拡大しました。とりわけ日本の地盤沈下が目立ちます。平成元年（1989年）の名目GDPは米国に次いで第2位でしたが、現在は中国に抜かれて第3位に転落しています。1人当たりで見ると、平成の初めは第1位でしたが、直近は第20位に後退してしまいました。

昭和を通じて日本は、アジア域内で最大の経済規模を有してきましたが、いまやアジア経済の雄は中国です。中国は、平成元年（1989年）の「天安門事件」で改革開放を中断しましたが、その後巻き返し、WTO（世界貿易機関）への加盟を果たして、「世界の工場」として高成長を実現しました。しかし同時に、急速なペースで軍拡を続け、アジア域内の安全保障上の懸念を高めるとともに、米国を経済・軍事両面で脅かす存在となりました。今や世界は米国と中国との覇権争いに直面しています。冷戦終結から30年を経て、世界は再び分断化の道を歩む兆しが出ています。

1　時代を変える

私たちはゆでガエル状態だった

ざっと平成の30年を振り返ってみました。失われた希望、加速する人口減少、止まらない地盤沈下……。悲観的な思いにかられたでしょうか。平成時代を「敗北と挫折の30年」と総括する人もいます。

こうした厳しい評価があるにもかかわらず、国の世論調査によれば、国民の7割は現在の生活に満足しています。日本経済が停滞しても高度に成熟しており、高望みさえしなければ、案外楽しく暮らしていける環境にあります。しかし、自分のコンフォートゾーンをつくって、それにこもって楽しくやっているようでは、「自分さえ良ければ」「いまさえ良ければ」になってしまいます。

日本全体が挫折状態にあるのに、挫折と感じられない、心地よい、ゆでガエル状態です。この辺でいいやと思っているうちに、カエルが煮え上がることのないよう、ゆでガエルなりの危機感を持たなければなりません。そしてじつは、私たちのような40代半ばの世代は、令和の新たな時代をうまく切り拓いていけると楽観的に考えています。その私たちとは、巷間「粘土層管理職」と揶揄されている存在で、ほかの世代からどうも不安視されているようなのですが。

粘土層管理職のせいで改革が進まない？

粘土層管理職とは、「古い価値観に凝り固まっているために、企業の組織改革の妨げになる40代、50代の中間管理職」を意味するらしいです。たとえば、経営層が女性の活躍推進や男性の育休取得に向けて熱心に旗をふっても、性別役割分担の古い価値観を持つ彼らがいるため、現場へなかなか浸透しないという話らしい。職場の風土にとどまらず、社会や企業に対する感性の鈍さといったことまで、話はもっともらしく広まっているようです。

企業の改革が進まないのは40代、50代の中間管理職のせい？

そうしたステレオタイプな括られ方は、むしろ中間管理職の可能性を狭める有害な固定概念だと憤りを感じます。私たちは世代的には現役層の中では突出した人口ボリュームを持つとともに、就職氷河期世代の先頭を走り、生活者としてバブル経済崩壊による痛手を最もシビアなかたちで被った団塊ジュニア世代です。

就職氷河期を経た私たち世代は、どちらかといえば悲観主義で、リスク回避を最優先に行動する人間が多いといわれます。私たちは社会に出た途端に、絶好調だった日本経済が互解するという経験をしました。こうした挫折が粘土層といえる特徴を形成した、といわれてもそれほど違和感はありません。しかし、逆境にさらされてきたからこそ強い自立心を持ち、何事も損得勘定でなく、いかに生きるべきかを熟考して、動くときは一斉に動く、これが真の私たち「粘土層管理職」ではないかと思います。

企業の改革が進まないという声が経営層から現場まで上がり、一体誰が悪いのかと責任の所在を明らかにするために「粘土層管理職」なるフィクションがつくられたのではないかと思っています。中間管理職のせいにしやすいのは昔もいまも同じです。

そもそも、特定の世代のせいで改革が進まないと考えることが、右肩上がりで成長する時代を支えたピラミッド型組織の残り香です。ボートに例えてみましょう。「レガッタ」は波のない水面で、リーダーがメガホンで指示し、全員が一心不乱に漕いでいきます。昔はそれでよかった。しかしいまは先行きが見えない、激変の時代です。急流で波がどこから襲ってくるかわからず、指示を待っていたら間に合いません。自分なりに流れを読み、岩を避け、すばやく櫂を漕がなければ転覆します。「ラフティング」の時代では、ボートに乗る一人ひとりが、自分ですばやく判断して漕がなければなりません。社員一人ひとりの変化適応力が不可欠とされ、すべての階層が改革の実行役にもなれば、抵抗勢力にもなるのです。

私たち団塊ジュニア世代から始める

私たちは、日本の変革は右肩上がりの日本を「知らない世代」の最年長である団塊ジュニア世代の粘土層管理職から始めるべき、と考えています。組織のマネジメントにおいて、物事を実行するとき、2割は前向き、2割は反対、6割は日和見といいます。やる気のある2割がまず動いて、6割がなびけば、その物事は成功します。現役層で突出した人口ボリュームを持つ団塊ジュニア世代がまず動き出せば、その上下の階層を動かして組織全体にも勢いがつきます。

そのためにはまず、私たち「粘土層管理職」が自分を鼓舞し、みずからをリードできなければなりません。自分をリードできるからこそ人がついてきます。人がついてくると社会が変わります。この順番が肝要です。リード・ザ・セルフは、自分の志が根底にあります。その志を持って人を巻き込み、社会を変えます。高志垂範。私たち一人ひとりが、コンフォートゾーン（ぬるま湯）の外に出て、高い志とガッツを抱いて、リード・ザ・セルフを実践躬行すれば、人を巻き込み、山を動かし、社会を変えることができるはずです。

2 「自分ごと化」が私たちを動かす

一人称で話す

ここから先はフォーラム21梅下村塾で1年間、私たちが経験した話が中心になります。人を巻き込み、社会を変革する志を持つために、粘土層管理職がまず汗を流したのは、問題を解決する力を身につけることでした。与えられた課題図書を読んだり、書店の店頭に並ぶ新書の類に目を通したり、著名人の講演を聞いたりして、「正解」のインプットを続けました。正解とおぼしき情報をインプットすることに慣れた私たちは、かき集めた素材と積み上げた成果を合宿で報告しましたが、指導にあたる方々からは「一人称で話してほしい」と言われたのです。

勉強が不十分なのか。インプットが足りないのか。自らを省みて気づいたことは、「日本に内在するたくさんの課題を学びはしたが、他人ごとであって、自分ごと化していない」という現実でした。

腹の底からの使命感と問題意識を

それまでの私たちには、培ってきたスキルや経験を使って、与えられた課題を解決して「あげよう」という心の在り方がありました。しかし、その課題が自分の認識よりも大きな、深い課題であった場合、すぐに不安を感じて躊躇してしまい、手がつけられる範囲で取り組むことに終始してしまいます。

そのうち、自分の力は未熟で手持ちのスキルや経験のみでは太刀打ちできないことに気づき、不安や躊躇に打ち克ってコンフォートゾーンを超えた行動に踏み出し、課題を解決するには、自分にも大きな変化が必要だと思い至ったのです。腹の底からの使命感や問題意識を持つことが何より重要で、これがあってはじめてその課題が「他人ごと」でなく「自分ごと」になったと言えます。

腹の底からの使命感や問題意識を持って「自分ごと化」するには、原体験の持つ力が大きいということにも気がつきました。

たとえば、安全保障を考えるメンバーは、中国の海洋進出が著しいなか国防の最前線にまで赴き、目で見て耳で聞いて議論を重ねました。イノベーションを考えるメンバーは、イノベーションハブであるシンガポールに出向いて、現地の人と議論を行いました。人材育成を考えるメンバーは、多くの社会起業家にインタビューし、リーダーを育成する全寮制の高校を視察しました。その貴重な経験のおかげで、そのテーマを一人称で話せるようになりました。

こうした心の在り方――「マインドセット」という言葉がよく使われます――を変える原体験があって、与えられた課題を「自分ごと化」することができたのです。自分がやらねば誰がやるのかという使命感、周囲の期待に応えたいという責任感、どんな困難も乗り越えてみせるという覚悟を見いだすきっかけを私たちは自らの体験から導き出すことができました。

「他人ごと」への隔てる境界を拡大する

私たちは、「自分ごと化」によって「自分ごと」と「他人ごと」を隔てる境界を拡大させせました。その結果、当事者意識を持つ範囲が、かつて「他人ごと」であった社会課題の領域にまで拡がりました。

自分の家族、自分が生まれた郷土や祖国、自分が生きている地球といった、空間的な拡がりだけではありません。時間的に拡がっていけば、未来や次世代も「自分ごと化」することができます。時空を超えて次世代を「自分ごと化」した人こそ、次世代のリーダーと呼ぶのに相応しいと思います。

頭で「これが大事だ」と考えることはありますが、大きな山を動かすには、たくさんの人たちを巻き込む必要があります。自分自身を突き動かすものがあれば、他の人の気持ちを突き動かすことができます。原体験に裏打ちされた使命感・責任感・覚悟を持つことにより、ひと握りの経営者や政治家だけでなく、「自分ごと化」するすべての人が日本を変革するリーダーになる可能性を秘めています。

これこそが、私たち粘土層管理職が立場や肩書を超えて目指す生き方です。

3　「つながる力」で日本のチカラを高める

「ありたき社会」を求めてバックキャストする

私たちは、日本の多くの課題を自分ごと化していきました。しかしそれらの課題の根っこにあって、本質をつく問題――「中核課題」などと言われます――を見つけ出すことができませんでした。人を説得し巻き込んでいくことを可能とする課題を見つけ出さなければ、日本と日本人を動かすことはできません。そこで、思考のアプローチを変えてみました。「フォーキャスト」から「バックキャスト」です。

フォーキャストは現在からの課題の積み上げで未来を予測する方法です。しかし、未来は現在の延長線上にありません。加えて、「経済が低迷しているから成長戦略……」のように、「問題の裏返し」が答えとなりがちです。私たちは、フォーキャストの手法では、腹の底からの使命感や問題意識を持つことができる中核課題に辿り着くことができませんでした。

他方、バックキャストは先に未来のあり方を想定し、そこへ到達するためにはどうなるべきかを考える方法です。量的な予測よりも質的な洞察を重視し、未来へ向かうアクションにフィードバックします。私たちは、バックキャストの手法で、目指すべき社会の姿を設定し、それに向けた課題を考えてみました。

たとえば、私たちを取り巻くテクノロジーには、未来につながる兆候が見られます。シェアリング・エコノミーは、競争から共創へ、獲得から循環へ、新たな価値観を萌芽させています。AIやロボットにより人間が代替され、生産と労働をめぐる社会構造は変化しはじめています。物理的距離を一気に縮める自動運転技術は、暮らしの観念を変えます。分散型のネットワークであるブロックチェーン技術は、社会の枠組みを中央集権型から分散型に劇的に転換させます。

私たちの生き方の変革を迫るのは、テクノロジーだけではありません。グローバル化の進展は、先進国の雇用や所得を悪化させ、拡大する格差は資本主義のひずみを生んでいます。その不満の高まりが社会の分断を招き、ソーシャルメディアが世論形成に強い影響を与えて、民主主義が機能不全に陥っています。

また、中国などの権威主義国は、安定的な政治体制を維持して、国家としてのプレゼンスを高めつつあります。新たな富の源泉であるデータを中央集権的に管理するなど、先進国が培ってきた自由や人権を尊重する価値観を揺るがせています。

テクノロジーが進化する一方で、世界は分断化し、価値観が固定化していく未来を前に、日本はどのような社会の姿を目指すべきでしょうか。

カギを握るのは「つながる力」

私たちは議論を重ねて、３つの「ありたき社会」に辿り着きました。

１つ目は「人の活躍の総和が膨らみ続ける社会」です。社会参加の多様化により、個人が複数の顔を持ち、複数の居場所に所属する社会は、生き生きとした個人が邪魔をされずに個を発露することができます。

２つ目は「社会や人としての豊かさの総和が広がり続ける社会」です。多層的で、多様な価値観を有し、共感力の高い社会は、心身も含めた個の豊かさをもたらします。社会が何かの思いを共有すれば、社会課題解決のための共創も進みます。

３つ目は「日本の価値の総和が高まり続ける社会」です。新たな価値が生まれ続ける土壌があり、創造力と想像力を育む社会は、世界からヒト・モノ・カネを惹き付けます。国際社会の負託に応える「自立」と諸外国と協調できる「連携」があれば、世界で存在感を放つことができます。

そして、これらのありたき社会を実現するための中核課題は、「現在の社会につながる力が足りていない」ことである、と考えています。周囲とのつながりを持って暮らせる社会は、次世代を創り支えるコミュニティをもたらします。多様な人のつながりを持って生きられる社会は、イノベーションをもたらします。日常生活のなかで深く考えることのない安全保障も、日本と世界の安全保障上の危機を目で見て、耳で聞くことにより、一人ひとりの「自分ごと化」されたマインドセットのなかでつながることができます。

私たち一人ひとりが、自分ごとと他人ごとを隔てる境界を拡大させて自分ごと化していけば、「他者にとっての自己、自己にとっての他者」という相互理解が深まり、関係性の豊かな、「つながる力」が溢れます。これにより「人の活躍」「社会や人としての豊かさ」「日本の価値」の総和が膨らみ続けることで、総人口は減少しても日本の力は高められます。

越境日本人へ

つながるとは、自分と異なる人間とつながることです。専門のちがう人、年齢のちがう人、職場のちがう人、国籍のちがう人、考え方のちがう人……異なる人間と空間を共有し、五感を使って会話し共に考えます。

ところが、日本社会は「タコツボ化」社会です。企業や役所にいったん属してしまうと、さまざまな価値観と触れ合う機会がありません。私たちは意識しないと、専門の近い人、年齢の近い人、職場の近い人、国籍の同じ人、考え方の近い人との接点だけになってしまいます。

「つながる力」を高めるためには、日本社会の「タコツボ化」を打ち破る必要があります。だからこそ私たちは、所属する組織や集団の垣根を越えて活躍しなければなりません。「内向き日本人」から、越境学習や他流試合を厭わない「越境日本人」へ私たちが変身すれば、「つながる力」に溢れた日本社会が実現されるでしょう。

私たちが目指す令和時代の「ありたき社会」は、越境日本人が数多く輩出される社会です。

4 真の令和をつくるために

そもそも日本とは？

「ありたき社会」に向かうにあたって忘れてはならないのは、「そもそもの日本」です。そもそも日本はどんな国なのか。そもそも日本はどのような価値観の上にあるのか。日本の風土、自然環境が育んだ日本人特有の精神性と行動様式を「和魂」と言います。未来の「ありたき社会」を描くにあたって、「和魂」というルーツの視点を持つことが重要なのは論を俟ちません。

新元号「令和」。日本の古典から初めて引用されたことが話題となりましたが、「和」の字は20回目の使用です。地震国、災害国でもある日本において、日本人は、自然との調和を重んじる「和」の精神を育んできました。日本列島での暮らしから「共助」「互助」の共同体意識が生まれました。共同体の中に生き、共同体に貢献することで、共同体が発展するという経験が、公共心を育んできました。日本人の公共心や道徳意識は、外来的な思想でなく、日本人の生活そのものの中で獲得されたものです。

新渡戸稲造の「武士道」は日本人論です。武士は高い倫理観を要請されましたが、商人も倫理観を持ちました。15、16世紀に来日した外国人は日本人の名誉心の強さに驚いたといいます。「名こそ惜しけれ」。はずかしいことをするな、という教えは、日本人の秩序や潔さを尊ぶ倫理観、奉仕精神の強さに通じています。日本三大商人の近江商人は、売り手よし、

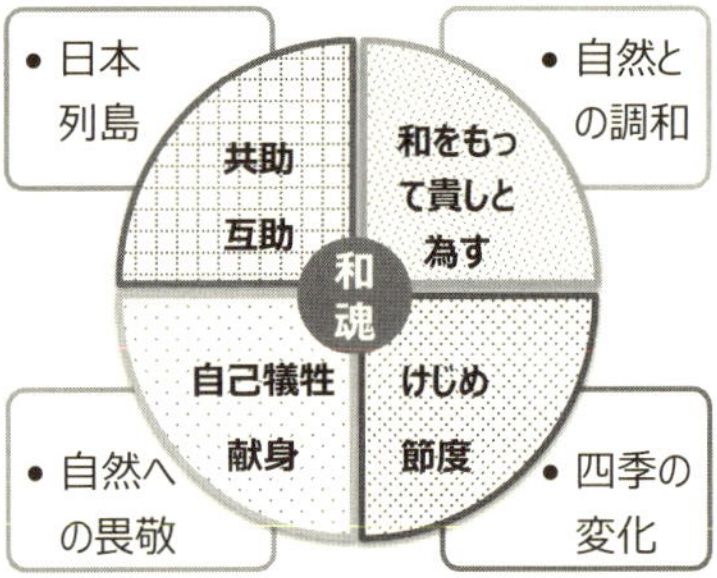

図1　和魂：日本の風土や自然環境が育んだ精神性と行動様式

買い手よし、世間よしの「三方よし」を経営哲学とし、売り手と買い手と社会の等しい幸福を尊びました。明治の大実業家、渋沢栄一は、「利に放りて行えば、怨み多し」を教訓とし、私利私欲に走らず、取引先や業界全体、国家全体の利益まで考慮して行動し、「日本資本主義の父」と呼ばれるまでの事業の成功を収めました。

善きつながりをつくり出せ

このような日本人の「三方よし」、「世のため人のため」の考え方は、「公の意識」が無意識に働いているものであり、文化として根づいている証です。「令和」に込められた意味である、「beautiful harmony」、美しい調和は、日本人が長らく培ってきた「公の意識」を抱きながら、新しい時代を切り拓いていく決意です。

福沢諭吉の「痩我慢の説」があります。「奉仕」は「私に反する行為」であり、福沢諭吉はこれを「やせ我慢」といいました。身近には他人への義理や思いやり、大きくは社会の一員としての責任感、そういった私情としての公的な意識の自覚が「やせ我慢」であり、個人として自立していることの核心です。福沢諭吉は、国は人々の私情から成り立っており、一片のやせ我慢は立国の大本であって、国家を守るには「やせ我慢の士風」が必要だとしました。

「公」の原点は、「公開すること」であり、自分ひとりの世界に閉じこもらず、自己を社会に開いていくことです。「公共性」は、「自己を社会に開き、他者とともにある状態を保ちつづけること」であり、社会とよい関係、すなわち善きつながりを紡ぎ出すことです。自制や奉仕の背景にあるのは、他者とのつながりです。超我奉公、交友知愛。令和時代を生きる私たちが、日本の風土、自然環境が育んだ和の精神を土台に「つながる力」を育んで、人々の間に善きつながりを醸成し、「公共性」の空間を創造することができれば、日本は真の「beautiful harmony」をつくることができるでしょう。

節目の年に1%のアウトプットを

「30年の周期性」という時代観があります。1870〜1900年は、江戸時代の常識が破壊された「破壊の30年」。1900〜1930年は、日露戦争に象徴されるように、新興国であった日本が先進国の仲間入りをする「繁栄の30年」。1930〜1960年は、戦争の時代となった「破壊の30年」。1960〜1990年は、高度経済成長期でありジャパン・アズ・ナンバーワンといわれた「繁栄の30年」。1990〜2020年は、バブル崩壊から失われた時代といわれる「破壊の30年」。30年の破壊と30年の繁栄の繰り返しです。

この周期性によれば、２０２０年は節目の年になります。「人の活躍」「社会や人としての豊かさ」「日本の価値」の総和が膨らみ続ける「繁栄の30年」に向けて、私たちは解決策をアウトプットしなければなりません。私たちの1年間の活動の成果を提言にまとめた本書もその1つです。アウトプットといっても「完璧な状態で成果を出す」ものではありません。正解のない時代は、自分の考えを発信しながら他者とともに考え、新たな考えを創造します。１％のアウトプットでも、誰かの目にとまり、フィードバックをきっかけに、アウトプットのサイクルを回しはじめることができます。

粘土層管理職が、会社や役所のコンフォートゾーンを越境し、交ざり混ざって流汗悟道して、気づいた「自分ごと化」。私たち一人ひとりが「自分ごと」と「他人ごと」を隔てる境界を拡大し、他人や社会と「善きつながり」を紡ぎ出すことができれば、日本の「総和」が膨らみ続ける「ありたき社会」にめぐりあい、もう1つのコンフォート・ゾーン（安住・満足の地）をつかむことができる、と考えています。守破離。

第1章

家族とつながる、社会をつなげる

1 何となく不安

いま起こっている困った状況

「普通の家庭を築いて、穏やかで幸せな毎日を過ごすことかな……」

学生のときに漠然と思い描いていた家族のイメージ。あれから20数年が経ち、「粘土層管理職」と揶揄される年代になった私たちは、学生時代に思い描いていた幸せな毎日を過ごせているのでしょうか。不幸せとまでは言いませんが、なんとなく不安を抱えた毎日を過ごしているのが正直なところです。以下は私たち粘土層管理職4人のつぶやきです。

40代男性。共働き、妻と1歳の子どもの3人暮らしの春助さん

会社の後輩である妻と結婚し、幸せな毎日を過ごしてきた。子どもができたことをきっかけに、夫婦で35年のローンを組み、念願のマンションを購入。毎月の支払いを考えると、私も妻も仕事を辞める訳にはいかない。何より妻自身は仕事にやりがいを感じ、気の合う同僚もいるので仕事は続けたいと言っている。私も妻の意見を尊重して、共働き2人で頑張っていこうと思っている。育児休業中だった妻の職場復帰が近づいてきた。いままで仕事を理由に妻に頼りっぱなしだった家事も育児も、これからはきちんと分担しようと思っている。子どもを保育園に預けるため、申込用紙に第7希望まで書いて応募した。

数日後、市役所から回答が来た。結果は、落選。理由は書かれていないが、おそらく2人合わせた世帯収入が高いということだろう。はぁ……。

40代男性。独身、一流企業で一生懸命働いている夏彦さん

入社以来、一貫して開発部門で働いてきた。早朝に出社し、夜は終電で帰宅。土日も厭わず仕事中心の毎日だった。若いころは自分自身が会社を動かしているという感覚があって、充実感があった。しかし、最近は「働き方改革」とやらで、働くスタイルが否定されたような感じがする。一方で、会社の若い社員は「自分の時間は大切」と、早々に帰宅している。これも最近流行りの「ダイバーシティ」ってヤツかな。まだまだ20年もあるというのに、この先どう働いていけばいいのか……。

この間、高校の同窓会のハガキが来ていたな。同級生の年賀状には子どもの写真が目立ってきた。そういえばここ何年も女性との食事はないし、デートもないなぁ。このまま一生独身で

終わるのかなぁ。

40代女性。30代半ばに結婚し、子どもが小学校に入学した秋子さん

仕事が楽しく、キャリアを重ねていくうちに気がついたら30代半ば。世間体を心配する両親からの勧めがあって結婚。晩婚だったが、ありがたいことに子宝にも恵まれた。会社や家族の協力があって、子どもの保育所時代は時短勤務で乗り切った。

小学校に入学したときに新規プロジェクトの責任者になった。これまでの分を取り戻そうと奮起したけど、学童保育は定員制で簡単には入れない。運良く学童に入れても夜は18時まで。それに学校の行事やPTAの行事は平日が多く、会社の年休の多くを半年で使いはたした。これを俗に「小1の壁」と言うらしい。しかも「小2の壁」「小3の壁」もあると聞く。保育園の待機児童問題は有名だけど、小学校に入ってからも壁があるなんて。会社にもいろいろ子育て支援制度はある。しかし上司や周りの目が気になりそれをうまく使えない。「女性活躍推進」だとか世間では言うけど、これじゃね……。

50代男性。地方に住む両親と離れて妻と高校生の息子と東京で暮す冬雄さん

久しぶりに田舎に帰った。実家では親父がぼーっとテレビを視ている。趣味もない仕事人間

で、お袋がいないと何もできひん親父。昔は怖かったし、役員まで上り詰めたころは活き活きしとったけど、なんだか小さく見えるわ。それにくらべてお袋は趣味が多いな。町内会の集まりがあって、近々、気心知れた奥さんたちと温泉旅行に行くと言うとった。ちょっと待てよ。オレも会社ヤメたらどうなるんやろうか。たいした趣味もないしな。

おっ、親父からの電話や。えっ、お袋が倒れたって？　お袋が入院したら親父の面倒は誰が見るんや。それにもしお袋に介護が必要になったらどうする。オレが面倒見るしかないんやろうけど、大学目指している子どもの学費を考えたら仕事は辞められへんし。遠すぎて通うこともできひん。見て見ぬふりしとった親の介護問題がこんな風に突然降りかかってくるんか……。

とくに贅沢を望むわけではなく、ただ普通の生活をしたいと願うのが、ごく一般的な日本人だと思います。私たちはちょっとしたきっかけで、いままでの生活ができなくなるのではないかと何となく不安を抱えています。春助さん、夏彦さん、秋子さん、冬雄さんのつぶやきは、決して他人ごとの話ではありません。

「子育て」「働き方」「結婚」「退職後の生き方」「介護」……。生活の中になんとなく感じられるこれらの不安は、どこに原因があるのでしょうか。私たちはフォーラム21の活動を通じて、この問題を探ろうとしました。その結果、このさまざまな不安の根源には「人口減少」と「少子高齢化」があるということにたどり着きました。

日本は今後、「人口減少」「少子高齢化」が当分続きます。とはいえそう言われても、あまりピンときません。マスコミがこれらの問題を盛んに報道しても、どこか他人ごとのように思えてしまいます。

そこで私たちは想像力を豊かにしてこの問題を自分ごと化し、静かに進行し、気づけていなかった「人口減少」「少子高齢化」の根本問題に迫りました。そうすることで実感を伴った〈リアル〉が見えてきたのです。

2　人口減少、少子高齢化が起きた理由

静かに進む危機

「少子化」という言葉が使われはじめたのは、いまから25年以上前の1992年度の『国民

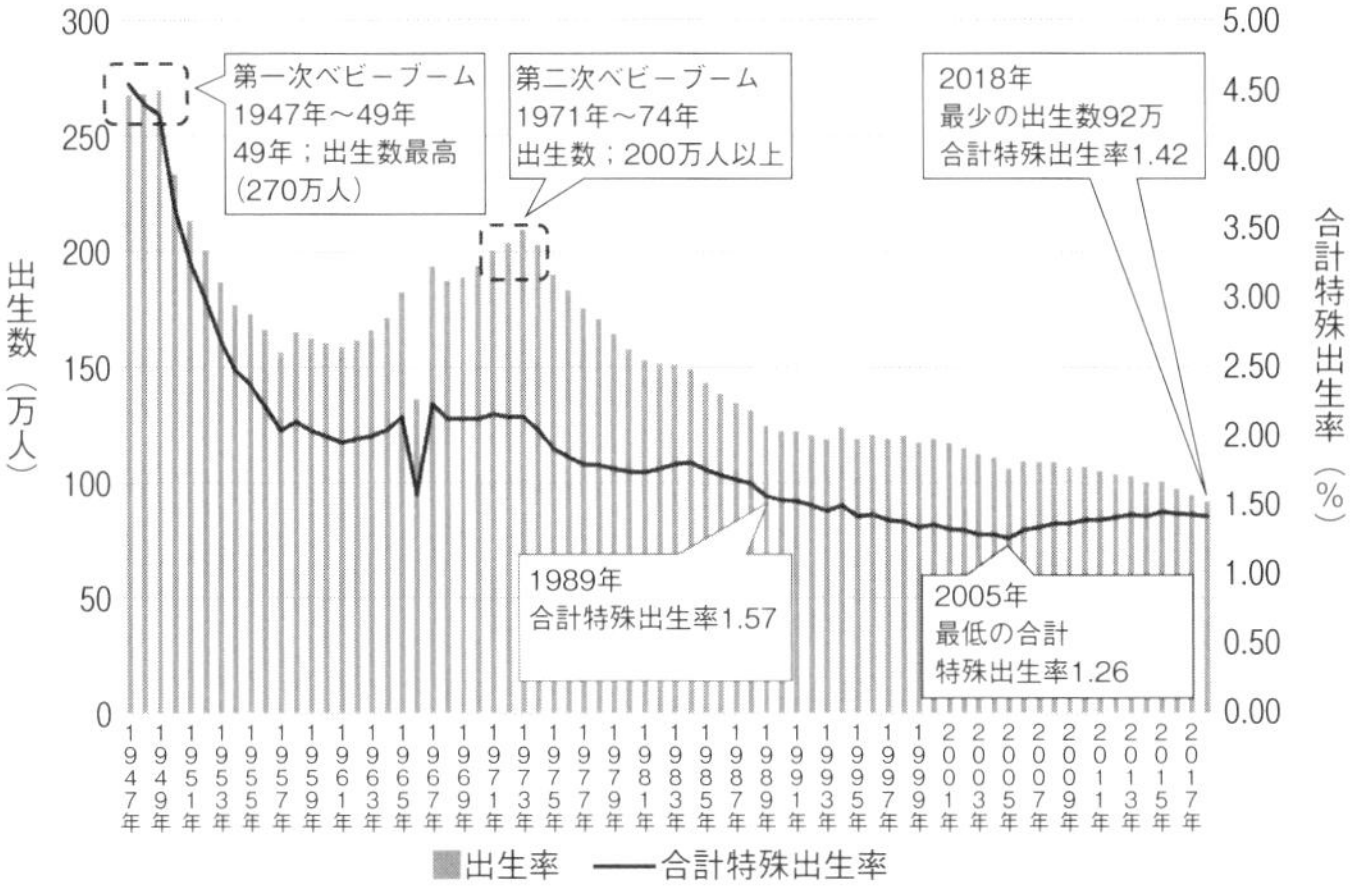

（出所）厚生労働省「平成30年（2018）人口動態統計月報年計（概数）の概況」より筆者作成

図1　出生数と合計特殊出生率

生活白書』からです。１９８９年の合計特殊出生率が１・57となったことがきっかけで、出生率の低下に社会的な関心が集まり、政府の課題として取り上げられるようになりました。これがいわゆる「１・57ショック」です。しかし、その後の出生数や合計特殊出生率を見ると、まったく回復しておらず、より深刻な状況が続いています（図1）。現状で推移すると、国立社会保障・人口問題研究所が公表した将来推計人口によれば、２０５３年には１億人を割り、２０６５年にはいまよりも約４０００万人少なくなります（図2）。およそ１都３県（東京都・神奈川県・埼玉県・千葉県）の人口以上の規模が、40年後に確実に日本からいなくなります。

　しかも、すべての年齢が一律にいなくなる

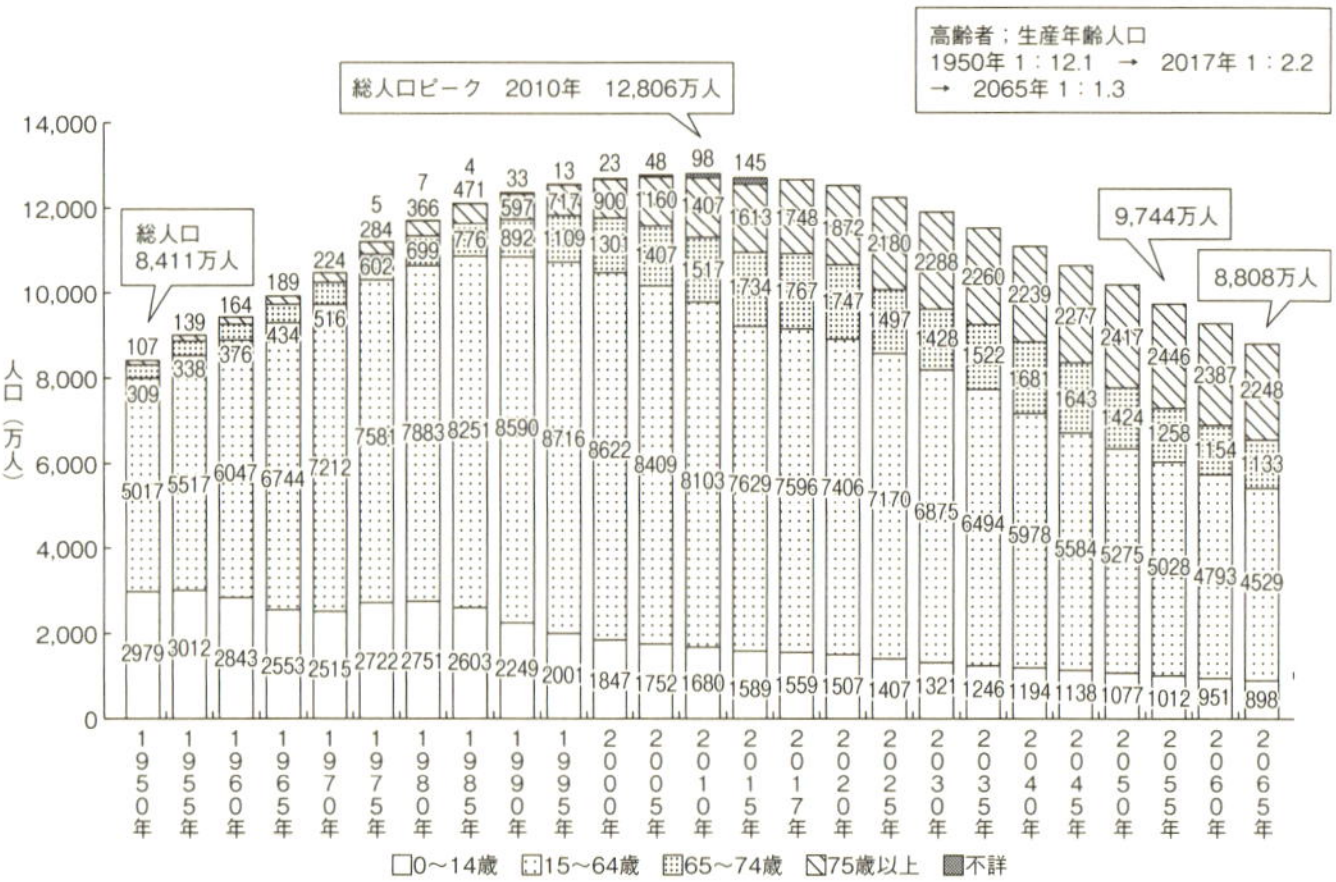

（出所）内閣府『平成30年版高齢社会白書』より筆者作成

図2　年齢区分別人口推移

わけではありません。ご承知のとおり、高齢者は多くなるけれども若い世代が少なくなっていきます。15歳未満は人口の10％程度となり、働き手として期待される15歳〜64歳はいまより約３０００万人も減少します。その一方で、65歳以上の高齢者が占める割合は４割近くまで増えるのです。

先日、地方を訪れたときに、タクシーに乗ればドライバーが高齢者、食品スーパーに行けば買い物客もレジを打つ人も高齢者で、喫茶店に入ればマスターも高齢者だったのには驚きました。人口が減少するだけではなく、人口動態が大きく変わって、高齢者ばかりが多く、若い世代が極端に少ない社会になっていくのです。

２０１９年６月に「老後の生活に２０００

万円が足りなくなる」と大騒ぎになりましたが、それよりも、「老後の社会を支える若い世代がいなくなる」ことをより深刻に考える必要があります。65歳以上の高齢者一人を20歳から64歳の世代一人で支える「肩車社会」が静かに現実になっていくのです。

いまから子どもを増やせば解決できる？

このように説明すると、「いまから子どもを増やせば解決するのではないか」と言われます。しかし、そう簡単に子どもは増えません。まず、人口を維持するには、すべての男女がペアとなり、２人の子どもを持つ必要があります。正確には、産まれた女の子が、次世代を育む年齢になるまでに生存している確率を加味しなければなりませんので、一人の女性が生涯に産む子どもの数（合計特殊出生率）が２・08人ならば人口が維持できるとされています。

ところが、図１で示したとおり、一人の女性が生涯に産む子どもの数（合計特殊出生率）は、１９７５年以降、45年間続けて２・０を下回っています。45年間ということは、少子化の状況が次の世代にまで受け継がれてしまったのです。１９７４年には、１年間に産まれる子どもの数が２００万人を超えていましたが、２０１７年で約95万人と半分以下に減りました。子どもを産む女性の人口自体が昔とくらべて減っているので、今後、出生率が回復したとしても、子どもの数の増加は当面望めないのです。

移民を受け入れればOK？

「移民を受け入れれば解決できる」という声もあります。しかし、これも抜本的な解決にはなりません。今後50年間で約4000万人が減少――単純計算で毎年80万人が減少していくことを考えると、同じだけの移民を今後50年間受け入れ続けることは困難でしょう。

2018年12月に閣議決定された「特定技能の在留資格に係る制度の運用に関する方針について」によると、14分野の産業での受け入れ見込み数は、5年間の合計で約35万人でしかありません。この35万人に関してでさえ、激しい議論があったことはご記憶だと思います。これだけを見ても、今後の人口減少のインパクトは小手先で対応できるレベルでないことは明白です。

少子高齢化で何が起こるか？

人口減少と少子高齢化の問題で、留意すべき3つの視点があります。

1つ目は「少子高齢化のスピードが急激であること」です。冒頭で、少子高齢化が「静か」

に進むと言いましたが、そのスピードは歴史的に見れば相当に急激です。

2つ目は「社会システムの前提条件が根本から揺らいでいること」です。年金や健康保険といった社会保障制度や交通インフラなどの社会システムの多くは、戦後の人口増加を前提に設計されたものです。それゆえ人口が減少していくなかで、維持することが難しくなっています。私たちは、人口が増加していた時代の遺産を背負いながら、新しい社会システムをつくり出す必要に迫られています。

3つ目は「人口は今後も減り続けること」です。先ほどの繰り返しになりますが、合計特殊出生率が2・08を超えないかぎり人口減少は止まりません。このまま放置すれば、理論上、日本人はいつかゼロになってしまいます。

この3つの視点をマクロではなくミクロの視点で見てみましょう。すると、想像以上にさまざまな問題が発生することがわかります。

- 居住者とともに修繕積立金が不足したタワーマンションの老朽化が加速。
- 歩ける生活圏内から病院や商店、公共サービス施設などが消える。
- 空き家が増加しつつ警察官が減少し、犯罪が多発。
- 病院の緊急対応が困難となり、救急車もなかなか来ない。
- 公共交通機関の運行が激減、もしくは廃止が相次ぐ。

- 農林漁業従事者の減少により食料調達が困難に。
- 税金・社会保険料額が増え続け、働いても貯蓄ができない。
- 中堅管理職は役職が上がっても、いつまでも昔と変わらない雑務を担当。

なぜ、このような状況になる前に変われなかったのでしょうか。次項でその謎を解きたいと思います。

子どもを増やせと言われても

子どもが増えるかどうかは、結婚してから子どもを産むのが一般的な日本の場合、「結婚する人の数（＝婚姻数）」と「結婚した人が生涯産む子どもの数（＝合計結婚出生率）」そして「子どもを産める人の数（＝15〜49歳の女性の人口）」に左右されます。これらの要素すべてが減少傾向にあります。ピーク時（1972年）110万組あった「婚姻数」は、2018年に59万組に（図3）、ピーク時（1940年）に4・27であった「夫婦の完結出生児数（結婚持続期間（結婚からの経過期間）15〜19年夫婦の平均出生子ども数）」は、2015年には1・94まで低下しています。さらに、ピーク時（1990年）3100万人以上いた「15〜49歳の女性の人口」は、1975年以降合計特殊出生率が2を下回り続けた結果、2018年に25

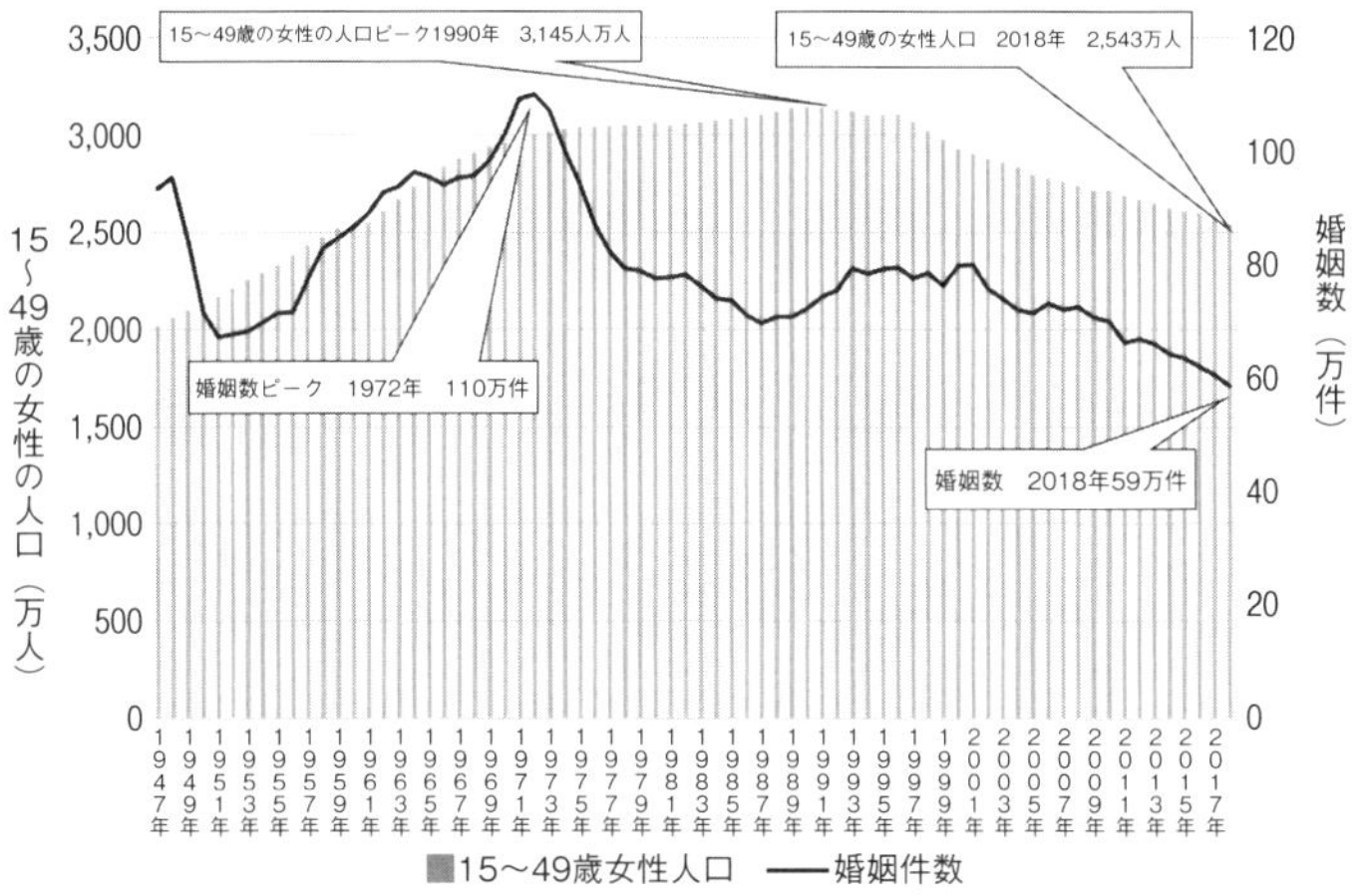

（出所）総務省「人口推計」より該当データを引用し筆者作成

図3　15～49歳の女性の人口と婚姻数

００万人まで減少しています（図３）。その結果として、１年間に産まれる子どもの数は１９７４年の半分以下に減っているのです。

しかしながら、国立社会保障・人口問題研究所の「出生動向基本調査」によれば、昔から変わらず、未婚者の８割以上は結婚したいと思っていますし、既婚者も２人以上の子どもが欲しいと思っているのです。ところが、なぜかできていません。それはどうしてでしょうか。

結婚したいができない事情

結婚したいのにできない理由は、人によって異なります。そこで私たちは、各種レポートや文献を読み漁り、有識者のヒアリングを行った結果、「お金」と「つながり」の2つの理由によって結婚できないのではないかという結論に至りました。

1つ目は「お金」、経済的な問題です。内閣府『結婚・家族形成に関する意識調査報告書』(平成26年度)によれば、男女ともに半分以上が、結婚したら夫が家計を担うべきであると考えています。しかしながら、結婚適齢期である25〜34歳の男性の約7人に1人が非正規雇用職員であるといった現実が、結婚への道のりを険しくしています。2018年の国税庁「民間給与実態統計調査」によると、男性の非正規雇用職員の平均給与は228万円。そのうえ、非正規雇用職員は昇給できる見込みも低く、解雇もされやすい。つまり、非正規雇用職員の男性は、結婚したくても踏み切れない状況にあります。

一方で女性は結婚相手にもっと高い収入を求めていることが、明治安田総合研究所(旧・明治安田生活福祉研究所)のレポートでわかります。20〜30代の未婚女性の約6割が、結婚相手に年収400万円以上を望んでいるのです。しかし年収400万円以上を超える未婚男性の比率は正規雇用職員、非正規雇用職員を問わず、20代で14%、30代で33%しかいません。

女性の理想と男性の実態が大きく乖離しています。その結果、多くの男性は結婚相手と見做されず、女性も条件に合致するような男性が少ないなかで探すため、男女ともに出会えない状況が続き、結婚したくてもできなくなっているのです。

2つ目は、「つながり」がないことです。昔は、結婚適齢期になると、家族、親族、地域の人々、職場の上司等が、「いつ結婚するのか」と質問し、相手がいなければ紹介するといったことが普通にされていました。また、従業員同士の飲み会のほかに、社員旅行、運動会など仕事外で従業員同士が交流する場も多くありました。しかしながら、最近は、親族や地域の人々とのつながりが昔にくらべて希薄化しています。

会社においても、部下や同僚にプライベートなことを聞いたり、口を出したりすることはタブーになりつつあるように思えます。一人で暮らすことに何も不自由がない社会システムが構築され、そもそも結婚すること自体の必要性も低くなっているのかもしれません。結果として、昔と比較しても結婚をするための出会いが減少し、結婚したいと思ってもできない、見つからないといった状況が訪れているのです。

産みたいのに産めない事情

続いて、産みたいのに産めない理由を考えてみましょう。

1つ目は、やはり経済的な問題です。ベネッセが2015年に発表したデータによると、子ども1人が四年制大学を卒業するまで、2650万円の学費と養育費がかかります。すべて国

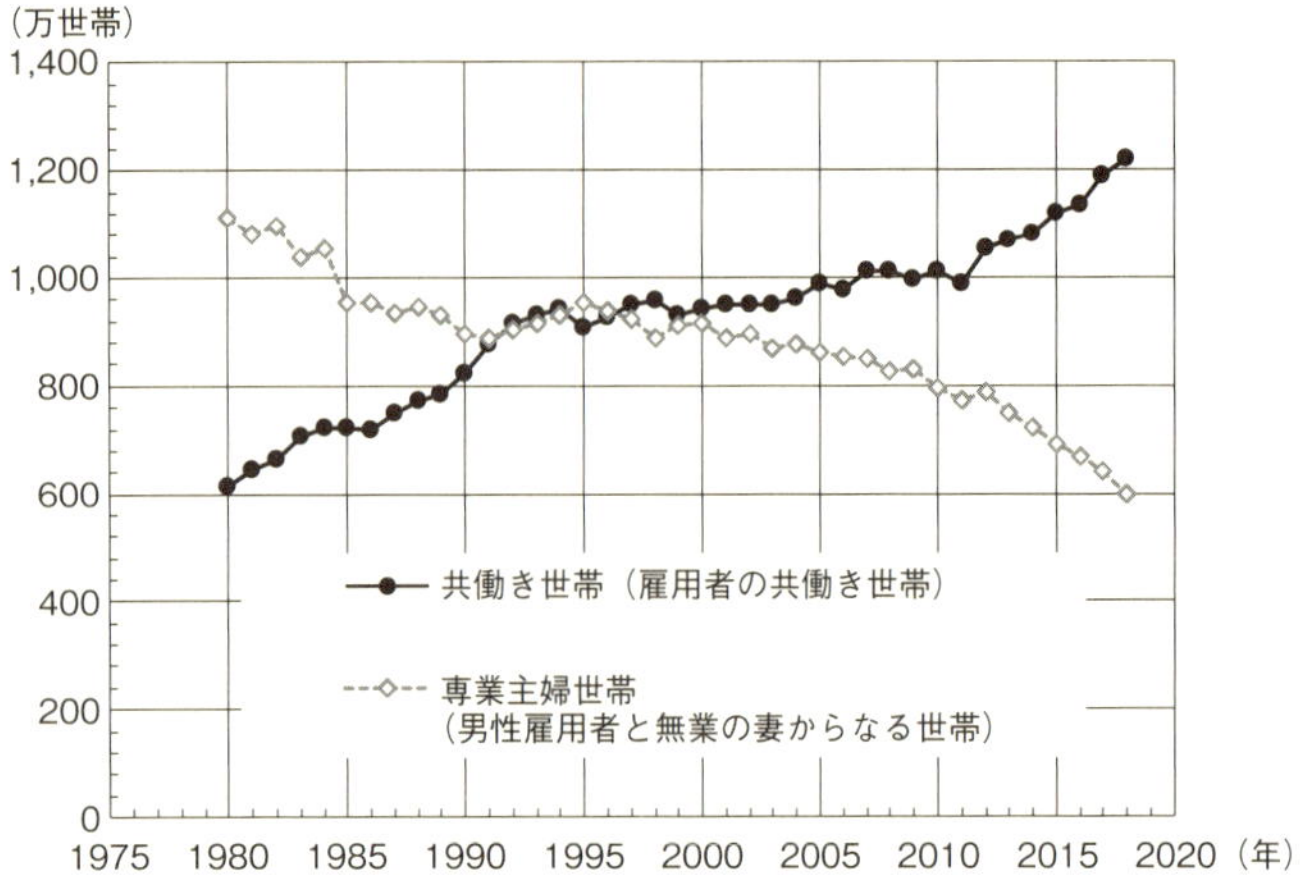

（出所）労働政策研究・研修機構「早わかり　グラフでみる長期労働統計」

図4　専業主婦世帯と共働き世帯

公立で、浪人も留年もしないでも、これだけの費用がかかります。

若い世代は当然、自分が親の世代から受けた教育水準を子どもにも受けさせたいと願いますが、現実の収入では、自分が受けた水準を子どもに与えることができなくなっているのです。こうしたなかで、経済的に大きな負担が予想される子どもを産むことは、自身の生活水準が下がることを覚悟することなのかもしれません。

２つ目は、仕事と家事・子育ての時間配分の問題です。経済的な負担は共働きではかなり軽減されます。実際に共働き世帯は年々上昇し、１９９０年代後半に専業主婦世帯を逆転、２０１７年時点では１１００世帯以上となり、いまや若い世代では標準的な世帯とな

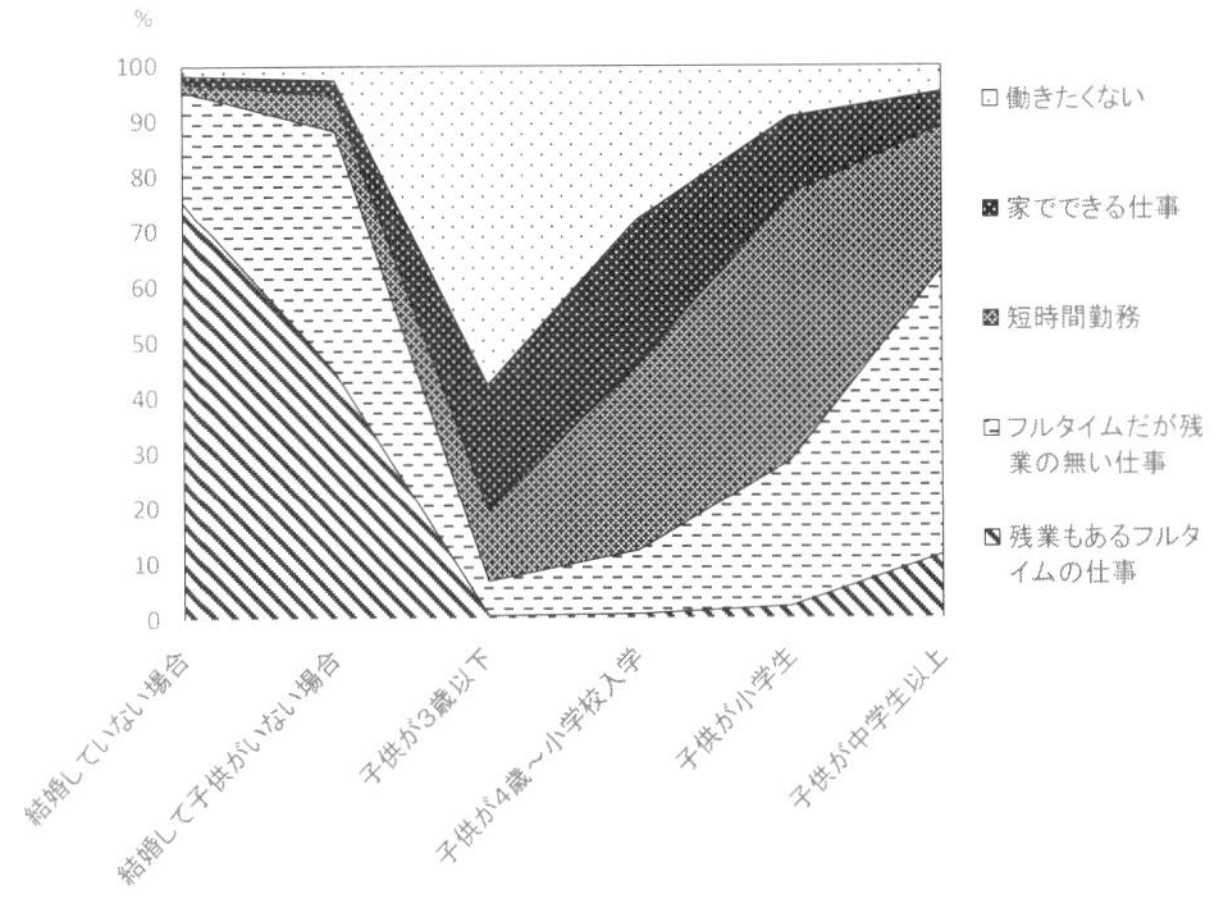

（出所）内閣府男女共同参画局「女性のライフプランニング支援に関する調査報告書」（平成19年）

図5　女性の就業（希望）

っています（図４）。

しかしながらその実態を子細に見ると、いろいろな問題が浮かび上がります。総務省が２０１０年に発表した、30～40代の女性の就業に関する希望と現実を調査したレポートによると、多くの女性が、働きたいのに働けず、働いたとしても希望とは異なる働き方を強いられているのです（図５・６）。

希望とは異なる働き方を選んだ場合、職場に両立を支援する雰囲気がなかったり、子どもを産んだために、単純な作業や昇進できないポジションに回されるといった扱いを受けることもあります。これは、出世コースとは無縁の子育て女性専用のコースで、「マミートラック」と呼ばれています。

仕事と育児の両立が難しい環境に加えて、

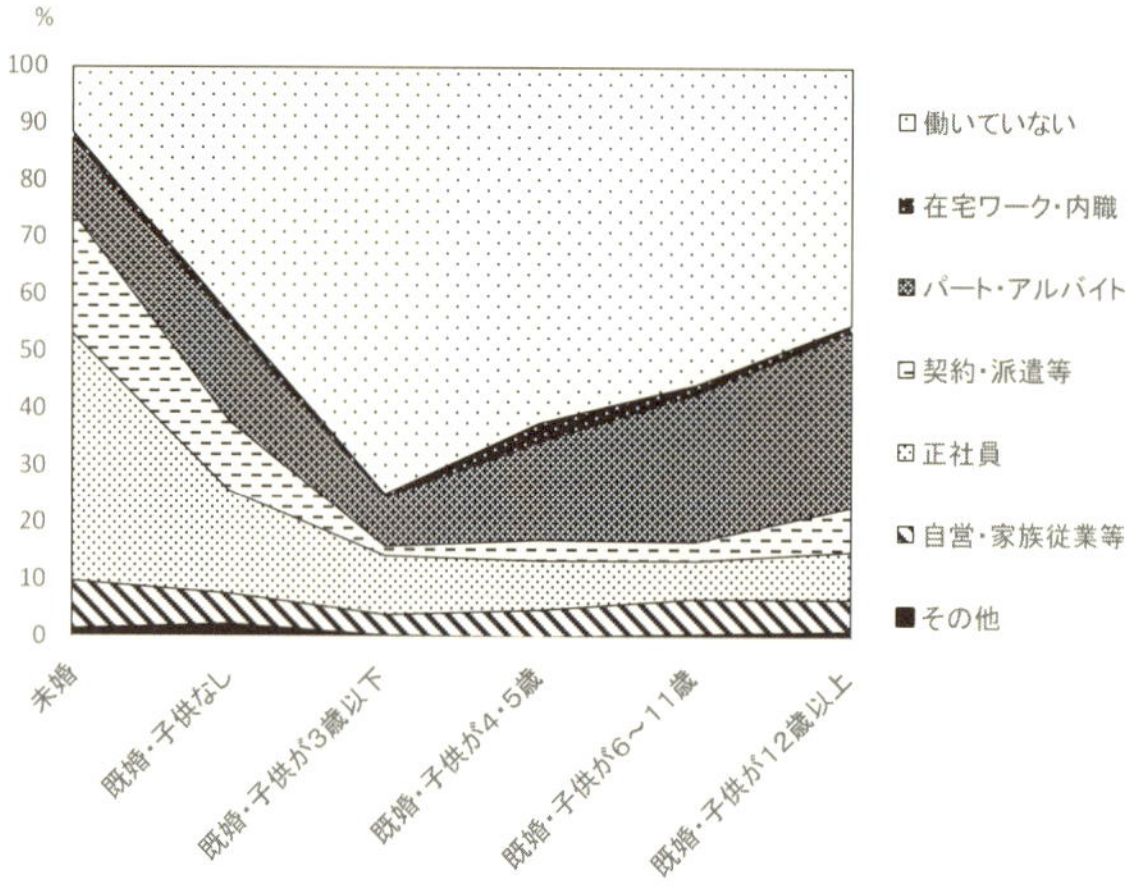

（出所）内閣府男女共同参画局「女性のライフプランニング支援に関する調査報告書」（平成19年）

図6　女性の就業（現実）

家庭において女性は家事・育児を過度に負担しています。

厚生労働省の「平成30年度雇用均等基本調査」によると、夫の育児休業の取得率は６％程度しかなく、家事・育児も妻の５分の１程度しか行っていません。共働きを前提にするならば、家事・育児に関して夫はもっと負担すべきです。

しかしながら、長時間労働を当前とする職場の意識や、長時間働く社員や突発的な業務に対応できる社員を重視する人事評価システム、代替要員がいない状況、一旦離脱すると元に戻れるかわからないといったような職場環境……夫が家事や育児から逃げる口実がたくさんあります。

このような実態が多くの女性に、退職して

子育てするか、子どもを持つことを諦めて仕事をするかの選択を迫る状況をつくっています。また、こういった状況が、女性の晩婚化・晩産化を誘発し、出生数が低下するという側面もあります。

３つ目はつながり、すなわち社会的なサポートの不足です。核家族化する前は、おじいちゃん、おばあちゃんや、おじさん、おばさんに子どもの面倒を見てもらうこともできました。生まれ育ったところと同じ場所で仕事に就いていた時代は、親や地域のサポートがありました。しかし、核家族化が進み、都会で就職をするようになった現在、見知らぬ人に子どものサポートを依頼するのは抵抗があるのが普通です。

結果として行政に子育て支援を期待することになりますが、残念ながら支援の絶対量が少ないため、質・量ともに十分なサポートが得られません。つながり不足が、子どもを産みたくても産めない状況をつくっているのです。

つながりの不足

いま若い世代は経済的な支援がなく、時間も足りず、人のつながりが希薄化しているなか、自分のことは自分で何とかするしかない状況に追い込まれています。

高度経済成長期の男女の性別役割分業の意識が――人口が増加していた時代の名残りですが――国や企業や家庭にもいまだにはびこっているため、次世代を育むことが女性の犠牲のうえに成り立つというおかしな状況になっています。

子どもの減少は、国、企業、地域社会、家族等、私たちが生活しているさまざまな場面で問題があることが原因で、若い世代だけの問題と片づけることはできません。多くの人たちが結婚や出産を望んでいるにもかかわらず、結婚できない、望む子どもを持てないような社会の在り方はおかしいです。

若い世代の困難な状況を改善し、「経済的に困らない」社会、「つながりを持てる」社会、そして仕事と家事・育児に対して夫婦ともにバランス良く、時間を持てる社会をつくることは、誰もが望んでいることです。

子どもの減少は、社会的な力がまだ強くない若い世代が、「この社会は息苦しい」と訴えている証拠です。これを若い世代の問題として「他人ごと」として考えるのではなく、すべての世代がいっしょになって、息苦しさを覚えない社会をつくることが、少子高齢化・人口減少を解決するための第一歩なのです。

3 変わろう、つながろう、支え合おう

少子化の原因として、若い世代への経済的支援、時間配分、つながりの3つの不足を明らかにしました。本節では、この不足解消のために何ができるかを考えたいと思います。皆さんがちょっとだけ行動を変えることで、上手に対処できることを示したいと思います。

高度成長時代の呪縛からの解放を

高度成長期を支えた要因に、「終身雇用制」「年功序列型賃金」という日本特有の仕組みがありました。この仕組みのおかげで、将来の見通しがある程度持てるようになり、結婚・出産・育児といった人生のイベントを大きな不安を持たずに、実際に当時の若い世代は普通に結婚し、出産し、家庭を持てたといえます。しかしいまでは、この仕組みが制度疲労を起こし、時代にそぐわないものになりました。

「終身雇用制」と「年功序列型賃金」の仕組みは、無定量に働くことで企業に貢献することを課す一方で、毎年の昇給や定年までの職場を保証していました。ところがこの仕組みは、残

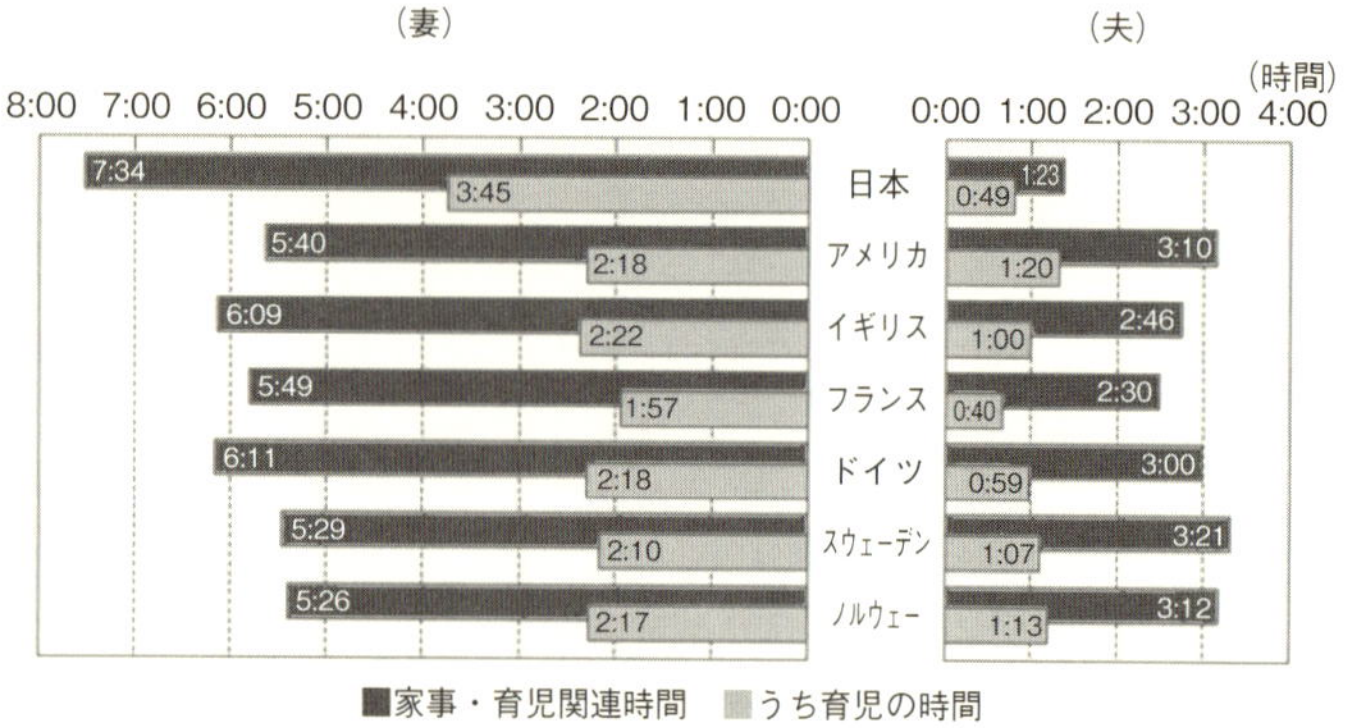

（出所）Eurostat "How Europeans Spend Their Time Everyday Life of Women and Men" (2004), Bureau of Labor Statistics of the U.S. "American Time Use Survey" (2016) 及び総務省「社会生活基本調査」(2016年) より作成

図7　家事・育児関連時間の国際比較

業、休日出勤、突然の転勤といったかたちで、働く本人だけでなく家族をも大いに巻き込むものでした。

必然的に、男性が外で働き女性は家庭で男性と子どもを守る、いわゆる性別役割分業を前提としなければ成り立ちません。夫婦2人でともに分担して出産・育児・家事を行うことは想定していませんでした（図7）。

高度成長期が終焉を迎えるようになると、日本の企業は解雇権が簡単に行使できないという現実が、若い世代の働き方に影響を及ぼすようになりました。企業は過剰な雇用を嫌い、非正規雇用職員を多く活用するとともに、正規雇用職員に対しても、業務の成果とは直接結びつかない、属人的な手当て類をなくし、退職金の定年加算などの長期勤続のインセンティブとなる制度も廃止していきました。

結果として、低い経済成長が続いた平成時代には、若い世代の収入は激減し、多くの若者が不安定な雇用の中で、将来に大きな不安を抱くようになります。

男女の性別役割分業を前提とした「終身雇用制」と「年功序列型賃金」に代わる新しい働き方が確立しないなかで、収入が減少し、雇用に不安を抱える若い世代はどうすればいいのでしょうか。

何かを犠牲にする働き方はＯＵＴ！

いま現在、多くの大企業で、女性の活躍を促進する施策が実施されています。たとえば配偶者の育児休業制度の導入や、出産・育児における手当の拡充、育児との両立を目指した短時間勤務など、ひと昔前とはくらべようもないほどに制度は充実してきました。多くの制度は、女性の会社での「仕事」と家庭での「仕事」を両立することを考慮して設計されています。しかしながら、男女の性別役割分業の解消まで踏み込んだ見直しは行われていません。実際には多くの企業において、出産・育児休業明け、もしくは短時間勤務中の女性社員に対し、キャリアップにつながる大きな責任とやりがいのある業務があてがわれることはなく、いつまでも同じ周回を回り続ける「マミートラック」を強要しているのも事実です。

現在の20代・30代の若い世代は、夫の家事・育児参加をごく普通のことと受け止めています。一方で、企業はその変化に対応できず、家事参加の少ない従来の男性の働き方に依存していると言わざるを得ません。いま優先すべきは企業の変化です。テクノロジーの進化により、働く場所の制約はなくなってきています。在宅勤務やテレワークを推進すれば、通勤にかかる時間の有効活用が可能になります。

また企業は、社員の評価軸を従来の長時間労働を前提とせず、単位時間当たりの成果をみる新たな評価軸へと明確に変えることが重要です。これは、ムダな業務を断捨離する動機を与え、より本質的な業務の生産性を高めることにつながります。

こうした企業の変革を促すために、出産時の男性の休暇取得および育児休業の取得を義務化すべきです。育児休業はすでに多くの企業で整備されていますが、夫の育児休業の取得率は6・16％と、女性の取得率82・2％と比較し、圧倒的に低くなっています。企業任せ・個人任せでは、いつまで経っても男女の取得率の差が縮まることは期待できません。

スウェーデンのある調査では、第一子の出産と育児のときに男性が育児休業をとった場合とそうではない場合とを比較すると、前者の場合、第二子の出産率が高いことがわかっています。

いまこそ、何かを犠牲にするという働き方は否定するべきです。会社の「仕事」で評価されるために、言い換えれば会社での自己実現だけのために、何かを諦めるという生活、価値観から解放されなければなりません。

ダイバーシティーの必要性が謳われている今日、企業は画一的な人材養成からいち早く脱却し、多様性を重んじることが競争力強化においても欠かせない事実と認識すべきです。そのことが女性のみならず、高齢者も含めた多様な人材が、より活躍し得るフィールドを整備することになります。

新しい社会が新しい働き方をつくる

終身雇用制の慣習から離れることで、同一の会社に継続的に雇用されることへの動機づけも薄まります。就社意識が徐々になくなり、自身の能力を高め、特定分野のエキスパートになることで、自分の「市場価値」を高める働き方を入社当初から開始することができます。これは、同じ会社で働き続けることを否定しているわけではありません。早期退社や転職がきわめて困難な社会を変えて、どの年齢でも出直せるし、いつでも働ける、いつまでも働き続けられる仕組みを新しく構築するということです。生活の保障を考慮するとなかなか第一歩を踏み出せないいまの社会から決別する必要があるのです。

競争力を失った企業・産業は、新しく競争力を持った企業・産業に置き換わるのが定めです。にもかかわらず、不景気に際して個別の企業・産業の雇用調整のために公費を用いて助成する場合があります。終身雇用制の呪縛から逃れられれば、その必要もなくなります。その代わりに、失業したとしても次の職場を探す間のセーフティネットを充実するとともに、新しい分野へ挑戦するためのリカレント教育を充実させる「積極的労働政策」をとることで、新しい競争力のある会社に挑戦することが可能となり、新しい産業への労働移動がより容易となるでしょう。社会全体で個々人の能力を高める施策が必要なのです。

これ以外にも、税金面で長期雇用を促している「退職所得控除」の廃止や、高齢者の働く意欲を阻害する「在職老齢年金制度」の廃止などの制度改革が必要ですし、企業横断的に個人の能力を評価できる各種検定の充実や同一労働同一賃金の実現も不可欠でしょう。

企業自身、中途採用を随時受け容れ、副業や兼業を積極的に社員に勧めるなど大胆な変革が必要です。いままでのように自社での業務経験だけで社員を成長させるのではなく、社内外で多様な経験や知見を集め、新たな価値を生むという考え方の転換が求められます。

高齢者や女性の活躍への対応も待ったなしです。身体的な負担を軽減した業務への置き換えや、テレワークをはじめフレキシブルな勤務体制を構築することで、性別、年齢、障害の有無にかかわらず、働くこと、働き続けることの制約をなくす努力が必須で、こうした活動が肩車社会を乗り切るカギになります。65歳以上も社会の支え手になることで、より豊かな社会が築けるのです。

こうして新しい働き方ができる新しい社会では、社会保障制度も変えられます。誰もがいつまでも自分が持つ能力を活かして活躍できるので、年齢によって一律に社会保障の給付を受ける仕組みは必要なく、子育てや病気、介護など、一人ひとりのニーズによって、社会保障のサービスが保障される仕組みに変えることができます。こうして持続可能な社会保障制度への転換が可能になるのです。

引退後を充実させる新しい仕事のスタイル

ＯＥＣＤ諸国とくらべて長い労働時間については、もちろん是正していかなければなりません。確保できた時間は、第一には家庭での役割に充てればいいですし、育児がひと段落した世代なら、自身の経験が生かせる社会貢献活動やボランティアを行ってみてはどうでしょう。人生１００年時代を充実して生きる仕掛けとして、企業は採用時の必要条件として学生時代のボランティア経験を重視したり、あるいはボランティア活動を行えば「社会貢献ポイント」がもらえることにして積み立てたポイントは自身の老後のサポートに使えるといった動機付けも考えられます。また副業・兼業が促進されるようになれば、子育てや家事などの家庭の役割の一部も職業化され、かつて近隣住民との間で普通に行われていた助け合いの精神が新しいかたちで復活するかもしれません。

すでに会社員生活を引退した人々の中には、所得を得る仕事から離れ、違ったかたちの役割を持ち、本人の生活の充実度はもちろん、社会的に見て企業に勤めてきた以上の価値がある役割を果たしている方も多いです。地域における自治活動や自衛消防隊、児童の見守りに至る細やかな活動をはじめ、私設財団の運営やセミナーの講演、開催など、活躍している方々はたくさんいます。

「家族を持つ幸せ」を諦めない社会へ

さて、心配なのは若い人たちの結婚へのためらいです。いま若い世代は、自分が生活するのも大変なのに、配偶者とともに生活し、ゆくゆく子どもを持つことができるのか、経済的な面を考え、最初の一歩を踏み出せないでいる状態とも言えます。

そこで、面白い試みを行っている会社をご紹介します。株式会社ｍａｎｍａでは「家族留学」という名前の交流事業を行っています。子育て中の家庭に協力してもらい、その家庭に1日滞在することを通じて、夫婦との交流や育児体験を行い、自らのライフプランの選択や悩み解決のヒントを得るというものです。

結婚やその後の出産と仕事の両立について先輩家族と会話することで、抱いていたネガティブなイメージがなくなったり、多様なロールモデルを知ることで理想の家族像が描けるなどの効果が得られています。結婚生活や子育ての疑似体験が漠然とした不安を払しょくするのに役立っています。

そもそもが出会いの機会がないという人も多いと聞きます。たしかに職場や仕事を通じた出会いによる結婚、見合いのような結婚相手の紹介が減少しています。しかしこれも職場に居続ける時間を減らし、若い世代がさまざまな活動に取り組むことで、いままでなかった出会いが生まれる可能性はあると思います。

結婚相手の紹介サービスやマッチングサービスは、いまや民間企業で花盛りで、地方公共団体でも成果を挙げているところがあります。しかしながら、マッチングサービスへの登録やそのことを他人に知られることへの戸惑いはあるかもしれません。国がこうした婚活サービスを認定する制度があれば、利用者に安心感を提供できるでしょうし、網羅的な情報共有が実現できる可能性もあります。

お見合いはかつて世間から認知された制度でした。これを復活するなんらかの手立てが必要です。「2分の3成人式」というものがあります。自覚と責任を持った30歳の大人を集めた成人式で、地域とのつながりを再確認し、新しい仲間を発見するユニークなもので、これが新しい出会いや再会を生みだしているようです。若者のために新たなきっかけをつくることは私たちの重要な務めです。

社会が家族を支援する時代

子育てが社会から保障される世の中を目指さなくてはなりません。そのためには、国による子育て家族への支援を大幅に強化し、社会全体でサポートする仕組みを設けることが必要です。これまで少子化対策として行われてきた子育て支援の範疇を大きく超える「家族支援政策」、若い世代を総合的にサポートし、子育てを社会全体で支える施策が求められます。

出産から子育てに対する従来の経済的支援は質・量ともに十分ではありません。児童手当に代表される各種手当を強化しつつ、さまざまな割引サービスによる支援策をセットで提供することで、とくに経済負担の大きい多子世帯の不安を取り除きます。さらに多様な保育サービスを利用しやすくして、共働き世帯の仕事と育児の両立支援を行うとともに、専業主婦世帯の子育ての心身の負担を軽減します。こうした施策は、所得によって利用が制限されることがなく、子どもを育てている世帯すべてが利用できるよう制度設計することが重要です。

その他の家族支援政策は次のとおりです。家族支援を家庭だけの問題ではなく、社会全体の責務と考え、次世代を育んでいくことを軸とします。

- 父親と母親の双方に対して育児休業を義務づけ（夫婦が相互に育児休業を1年間取得しないと給付が受けられないようにする）
- 3歳児以降の保育園・幼稚園への全員の入所（3歳以降の待機児童問題を解決。質の高い幼児教育は、その後の学歴や雇用などに良い影響を与えるため、「貧困の連鎖」の改善に効果を期待）
- ベビーシッター・保育ママの利用補助制度の強化（共働き世帯の待機児童問題の対策だけでなく、心身の負担が大きい専業主婦世帯のためにも有効）
- 児童手当の拡張（第2子以降増額し多子世帯を支援。給付期間を中学生までから18歳まで延長し、現行の高所得世帯に対する所得制限を撤廃）
- 教育関連費用の支援拡大（高等教育の教育費の助成拡大。少子化対策のみならず、貧困の連鎖の問題解決にも有効）
- 多子世帯への公共料金・交通料金の家族割引や公共住宅への優先入居（民間企業も含めて

2子以上の子どもがいる家庭へ幅広く支援を施すことで、子育てが社会から積極的にサポートされているというムードを醸成)

「少々過剰な支援ではないか」「もっと親自らが問題を解決すべきではないか」という意見もあるかもしれませんが、いまの若い世代は昔と違い、個人の力だけで解決できない多くのリスクを抱えているのは、先ほど見てきたとおりです。また、生まれてくる子どもの側から見ると、生まれる家庭を選ぶことはできません。生まれてくる子どもたちに、平等に育つ権利を与えるという考え方に立てば、すべての子育て世帯を支援する施策は決して過剰ではありません。子どもを育てる家庭を支援し、生活を保障することは社会全体の責任なのです。

自分ごと化で切り拓く将来

「高齢化への対応こそ必要なため、これ以上の家族支援政策や積極的労働政策を行う余裕はない」という意見があるかもしれません。財源という問題を考えたならば、たしかに現状、家族支援政策や積極的労働政策を充実するのは難しいかもしれません。政府の借金残高は第二次世界大戦時を超える水準であり、国際的に見ても主要先進国の中で最悪の状況です。ムダの削減により財源を捻出することは重要ですが、劇的な改善は望めません。

そもそも財政悪化の主要因は、高齢化の進展による社会保障費の増大です。戦後、経済成長により、生活が豊かになるなかで、長寿命化、核家族化等社会状況の変化に応じて、高齢者施策は充実・増大してきました。このことは、年老いた親の面倒を公助で行うという意味で、現役世代も恩恵を受けてきました。しかし、その現役世代が減少しているいま、高齢者すべてを「面倒をみなければならない層」と単純にひとくくりとすることに待ったをかける必要があるのではないでしょうか。

年齢で区切った社会政策から脱却しなければなりません。誰もがいつまでも自分の能力を活かして活躍していく社会が当たり前になれば、高齢者も社会の支え手です。高齢者への福祉があたかも社会の負担であるといった考えは払しょくしなければなりません。同時に、高齢者に偏重している社会保障の支出を見直し、年齢ではなく、能力に応じた負担に変える必要があります。そして現在、高齢者に偏重している既存の社会保障の配分を変えて、家族支援政策や積極的労働政策を行う財源としたいと考えます。

ただし財政赤字は既存の社会保障の配分の見直しだけで到底解消できるレベルではありません。いまでも現役世代で賄えない分は、政府の借金という形で将来世代へ負担を先送りしています。その現状を、私たちの世代で解消していく必要があります。そのために私たちは、消費税率の更なる引き上げを選択せざるを得ないと考えています。この提言は、漠然と必要性を感じながらも痛みを伴うものであるため、両手を挙げて賛成とはなりにくい提言です。しかし、必要性を感じながらも前進することができない現状、そのこと自体が、将来への不透明感を増大させていることに気づかなければなりません。

経済産業研究所が行った個人アンケートによれば、「年金制度」については約7割が、「介護保険制度」「医療・医療保険制度」「消費税」については約5割が「非常に不透明」と感じています。さらに、これら「税制・社会保障」の不確実性があるため、約7割が消費を抑えていると回答しています。

また、同所の企業アンケートによれば、中長期的な成長率を高めるために重要な政策として、約4割が「政府財政の安定化」を望んでいます。

これらを踏まえ、次の3つの理由から消費税率の引き上げが必要であると考えます。

①個人や企業が持つ先行き不透明感を払しょくするため、先延ばしをせずに、正しく現在と将来の状況を明示し、財政、社会保障の持続可能性を確保する。

②将来不安を助長しないため、過度な高齢関係支出の抑制を緩和する。

③高齢者関係支出の抑制のみでは確保できない家族政策、積極的労働政策のための財源を確保する。

老後を豊かに暮らすことを誰もが望んでいるにもかかわらず、高齢関係支出を過度に抑制することは、現役世代を不安にさせます。今後も増えていく医療と介護の給付について、ムダが生じないよう精査するのは当然として、必要な給付を確保することにより、自分の親もそしてゆくゆくは自分も年をとったとき、国や社会からの手厚いサポートがあることを知れば、不安はなくなります。

企業も同様です。将来への不安から投資を控えていますが、未来は自分たちが創ることで明るくなるのです。人口減少していくなかでも新たに必要とされるニーズを先取りしていく必要があります。

国民から信頼を得て改革を推進するためには、政府がしっかりと証拠に基づく政策立案（EBPM：Evidence Based Policy Making）を行うことが不可欠です。政府は不透明感を払しょくし、多くの国民に納得してもらうよう務め、私たちはこれを検証することで、国の現状を自分ごととして考えることが必要なのです。

リアル地元の再活性化

子育て世代が問題を自分で抱え込むのではなく、他の誰かに頼ることができる、気楽に相談できたならば、どれだけ安心できるでしょうか。かつては同居する両親、親戚、地域社会等が担っていた機能を、いまの社会に合った方法で実現できないかを考えて、「リアル地元」と「ネット地元」という2つの地元を想定してみました。

子育て世代が実際に住んでいる地域、これを「リアル地元」と呼びます。この「リアル地元」は3つの支え手で構成されます。最初の支え手は市町村です。市町村が子育て世代包括支援センターを設置し、妊娠、出産、子育てに至る家族支援を一気通貫のワンストップサービスとして提供します。

次の支え手は、シニア、学生、NPO等地域のさまざまな住民です。地域コミュニティによる登下校時や放課後活動の見守り、子どもと遊ぶ活動、またはイベント支援を通じた子育てへの支援も考えられます。ボランティアでもいいですし、その対価を地域貢献ポイントというかたちで金銭的にフィードバックすることもできると思います。さらには学生に対し、地域貢献となるボランティアへの参加を条件として低額な家賃で入居ができるスチューデントハウスを設ける町もあります。この学生たちは、地域でベビーシッターや家事サポートに参加することで、学生の段階で家族とは何かを学ぶ家族留学ができます。

3つ目の支え手は企業です。支え合う地域コミュニティづくりは、若い世代が住みたくなる街づくりという観点からも重要です。地域社会が子育てに力を入れることで、ニーズが生まれ、これにより企業の進出も加速します。たとえば、鉄道各社や不動産会社が行っている駅近の子育て関連支援事業、子育てシェアハウスなどがすでにありますし、子育て世代が子育て支援プログラムを受けやすいようNPOや行政と一体となった取組みも期待されます。他にも、子育て世帯を優遇するさまざまなサービスの開発・提供が、企業の顧客獲得に向けた重要な取り組みになっていくでしょう。

ネット地元の有効活用

一方の「ネット地元」は、リアルな支援が必要なときにネットからリアルな世界への橋渡しができる環境のことを指します。

ここでも支え手の1つ目は地方自治体です。多岐に渡る支援策を従来のような書面やホームページ以外の手段、たとえば、SNSで発信する自治体も増えており、この普及・促進が必要です。子育ての基本的な情報に容易にアクセスできる「子育て応援アプリ」や「母子健康手帳アプリ」といった言葉をご存じの方も多いでしょう。国も地方自治体もさまざまな家族支援政策を実施していますが、こうした取り組みが知られていないことは課題です。地域の家族支援政策のメニューに誰もが簡単にアクセスでき、利用が促されるべきです。

支え手の2つ目は、同じ悩みや同じ経験を持つ者のネットワークです。株式会社AsMamaのような、地域での共助を目的とした「つながる」サービスも増えています。このように頼り先としてネットワークを利用することで、安心、簡単にアクセスできることが重要です。ネットを介してリアルにつながることで、結果的に地域の活性化や共助にも役立つはずです。

おわりに――支え合いに溢れる家族と社会を

人口減少はすぐにはとまりません。ましてや増加へと急転することはありえません。私たちは限られた人数でより豊かな社会を目指す道を見つけ出さなければならないのです。そのためには1と1が2ではなく、3や4にもなるようにすること。1と1、すなわち人と人とがつながり、頼り合い、支え合うことで3にも4にもなる、「1＋1＝3社会」ができるよう社会を変えていく必要があります。

この章の冒頭で、私たちと同世代の4人のつぶやきを紹介しました。それは不安の滲み出る現実でしたが、地域社会や企業、住民やテクノロジー等に頼ることで、働きやすく、暮らしやすくしていくことは可能です。つながり、頼り、支え合うことが、私たちの生活を改善するうえで最低限必要な条件です。

お互いを気遣い、すべてを一人で抱え込まずに、何だかおかしい、生きづらいと声を発することが情況を好転させ、社会の空気を変え、将来への希望を生み出します。それが人口減少を緩和するためのいちばんの近道だと思います。私たちはいまこそこの危機を、思いやりと支え合い、そして希望をもって乗り越えて行くべきです。

第2章

つながる力が日本経済を変える

2030年代、とある中小企業の風景

2030X年3月、東京都墨田区にある半導体基板メーカー某社の応接室から大きな笑い声が漏れていました。

「いやいや、うちの半導体基板製造に大阪の上方繊維さんの縫製技術を利用するというアイディアを最初に聞いたときは驚いたよ。それがどうだ。その製品が高齢者向け在宅見守りセンシングデバイスに搭載されることが決まったとはね。わからないもんだね」

「立川社長、うれしいですね。このデバイスはアジアの介護分野でデファクトスタンダードになる予定の機器です。われわれのようなインドの新興企業は市場に新たな付加価値の高い製品をいかに出していくかが重要なんです。日本政府や日本企業の後押しもあり、とても心強いです」

笑いながら会話するこの2人は、この会社の立川万平社長とインドにあるメモリー製造企業のCEO。CEOは新たなビジネス展開の朗報を伝えるために来日してきたようです。

「たしか初めて会ったのは昨年のいまごろだったかな？　イノベーションコミュニティを介して面談を申し込んできたよね。インド人と会ってほしいと言われた時は意外だった」

「はい。皇居の桜が満開のころ、1年前ですね。コミュニティで御社と上方織維さんとの融合技術基板の紹介を受けて面談を申し込みました。上方の社長さんもお元気ですか？」

「元気ですよ！」

そう言って応接室にこの半導体基板メーカーの営業・吉田達也が入ってきました。彼が続けます。

「昨日お会いしてきました。社長によろしくと仰っていました」

「ありがとう。うちと上方さんとは共通点が多いんだよ。20年前までは縮小する日本マーケットの中で価格競争に常に巻き込まれていてね。新しい製品を出す技術力はあったが、すぐに海外にまねされる。お互い従業員30人程度の会社で苦しかった」

「大きな変化ですよね。私も初めは下町の中小企業が海外展開なんて無謀だと思っていました。それがいまではわれわれの製品の市場価値は以前の4倍です。とても忙しいですがやりがいがあって、何よりうれしいのは給料がこの5年で2倍になったことです」

CEOがここで口を挟みます。

「先日、イノベーションコミュニティで優秀な日本人データサイエンティストの紹介を受けたんです。彼女を雇い、今回のセンシングデバイスから抽出されるデータの分析サービスを検討しています。吉田さん、このサービス展開が実現したら私の会社に転職しませんか？」

「転職かあ。考えちゃうなあ……。いや社長、冗談です。冗談（苦笑）。そんなに睨まないでくださいよ」

3人の笑い声はいつまでも続いていました。

1 成長のカギはイノベーションにあり

この話はけっして夢物語ではありません。このまま人口も経済も右肩下がりの日本では、個々人の暮らしが上向かないだけでなく、世界規模の競争の中で沈んでしまうと、われわれ自身も不安を抱いていた時期がありましたが、各事業分野の最前線で活躍しているエキスパートとの議論を重ねるうちに、人口減少下でも力強い経済成長は実現できると考えるようになりました。いまでは、やり方次第で将来の不安が減って暮らしもぐっと上向くようになり、海外勢に負けない右肩上がりの日本経済を実現できると考えています。

図1は、雇用者所得総額の推移を一定の条件でシミュレーションし、グラフ化したものです。所得水準を大きく左右する生産性が変わらなければ、人口減少と少子高齢化で雇用者数が減少

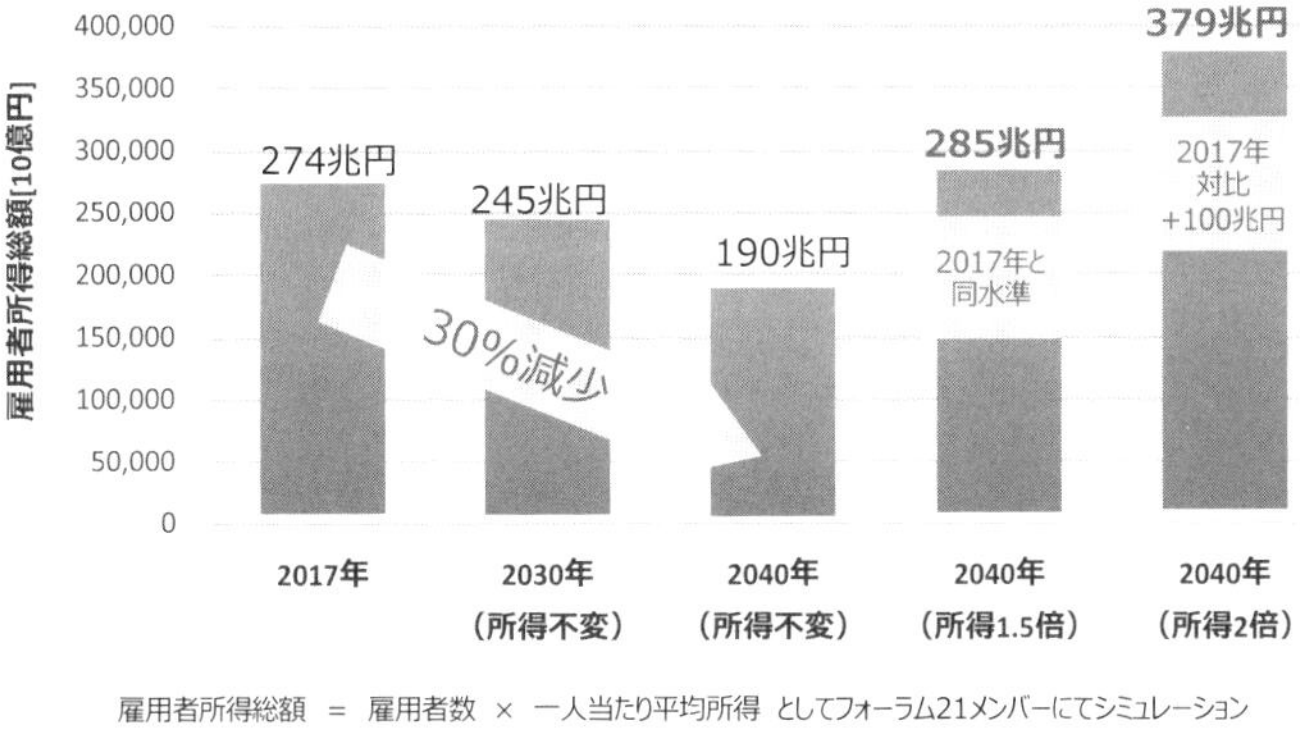

雇用者所得総額 ＝ 雇用者数 × 一人当たり平均所得 としてフォーラム21メンバーにてシミュレーション

（出所）内閣府統計より筆者作成

図1　雇用者所得総額のシミュレーション

すると、２０１７年に２７４兆円あった雇用者所得総額が、２０４０年には１９０兆円と概ね30％減ってしまいます。生産性を上げて一人当たりの所得が１・５倍になったとすると、雇用者所得総額はやっと２０１７年と同水準の２８５兆円になります。さらに生産性を上げて一人当たりの所得が２倍になったとすると、雇用者所得総額は２０１７年比で１００兆円増え、３７９兆円になります。こうなれば、個々人で見ても日本全体で見ても右肩上がりの未来と言っていいのではないでしょうか。

　では、人口減少と少子高齢化が進む日本で一人当たりの所得が２倍になるほど生産性を上げるためにはどうすればよいでしょうか。そのカギは「イノベーション」です。私たちはこれまで、ＩｏＴが急速に普及する時代を先読みし、日本の持つ優れた技術と人材をフル活用しイノベーションの力で世界に飛躍している中小企業を実際に見てきました。こうした動きも参考に、本章ではイノベーションの力で日本の経済を飛躍的に伸ばすために何をすべきか述べていきたいと思います。

内向き目線は衰退をもたらす

日本もかつて、平均10％近い驚異的な経済成長を記録した時期がありました。１９５５年から１９７３年の間の高度経済成長期です。その後、二度のオイルショックを挟み、１９７３年から１９９０年にかけては、毎年４％程度の経済成長に鈍化しますが、この時期は安定経済成長期と呼ばれ、世界第2位の経済大国の立場を確固たるものとしました。ちなみに、この両時期の牽引業種を見てみると、前半の高度経済成長期には、鉄鋼、造船、化学等の重化学工業を中心に技術革新による近代化や機械化が推進され、後半の安定経済成長期では、自動車・電子・ハイテク産業等が手ごろな値段と高品質、省エネで世界を席巻しました。戦後の日本経済の発展は、イノベーションとともにあったわけです。

日本経済がイノベーションを継続的に起こし、高い成長を続けることができた理由は、図2の真ん中に示したとおりと考えられます。緻密さ、勤勉性といった日本人の国民性を背景に、国内で有能で統制のとれた労働力が供給され、一貫した確かなモノづくりの技術基盤の強みや内需の大きさといった経済規模の強みを活かして、魅力ある製品を作っては大量に輸出し外貨を稼ぐというビジネスモデルを確立したのです。

　ところが、足許の日本経済はどうでしょうか。１９９０年以降のバブル崩壊後は低成長時代に入り、名目ＧＤＰでみると、世界全体はこの四半世紀で３倍以上になっているにもかかわらず、日本は５００兆円台のままで、あまり増えていません。また、特筆すべきイノベーションも起きていません。２０００年代に入ってから急速に経済のＩＴ化、デジタル化が進み、新興国の技術・生産能力向上により供給が需要を上回るようになったうえに、消費者ニーズもモ

	戦後日本	現在
①確かなものづくりの技術基盤	緻密な国民性と自社一貫生産により魅力ある多くの製品を展開	自社一貫生産にこだわり苦境に
②高信頼社会	礼儀正しく約束を守る国民性を背景にグローバルで高い信頼性を確立	スピード重視の時代あって高い信頼性が柔軟性の阻害要因に
③高い企業経営理念	企業は公益性を重視し経済中心の国力向上を後押し	欧米の株主資本主義の後追いで株価と利益重視の経営者が増加
④有能で統制のとれた労働力	勤勉な国民性と高い教育水準による労働人材基盤を確立	均質な人材は変革には不向きでデジタル人材不足に
⑤終身雇用の慣行	社員の労働力を最大限に活用し経済発展の実現に寄与	硬直的な雇用慣行が事業選別や生産性向上を阻害
⑥経済大国としての産業力	高い産業力を柱に世界第２位の経済大国の地位を維持	価値観の多様化や競争環境の変化によりメーカーの強みは減少
⑦世界でも有数の内需マーケット	目の肥えた消費者・企業ニーズに高レベルな商品・サービスで対応	内需故の内向き志向により過当競争・収益性の低下が顕著に
⑧極東の玄関口	先進国としてアジアの開発・経済基盤づくりを主導し良好な関係を構築	欧米、アジアのどちらにも敷居の低い地理的優位性は未活用
	発展の源泉	停滞の要因

図2　戦後日本経済発展の源泉（左側）と現在の日本経済（右側）

ノ（製品）からコト（体験）へシフトし、高品質であれば製品が売れるとは限らない時代となりました。

よって昨今は、常に変化する技術や市場に対して、多面的につながりながら柔軟な対応ができることが求められます。場合によっては失敗も許容しビジネスを進めることが必要であり、早い意志決定が重要なのです。

図2の右サイドに示したとおり、自社一貫生産や硬直的な雇用環境、世界でも有数の内需マーケットなど、日本のかつての成功の源泉は、多くの面で内向きなものが多く、「つながり」がないことに気づきます。内向きでつながりを欠くことこそが、イノベーションを起こせず経済も発展しない原因だと考えられます。

イノベーションとは「つながる」こと

「イノベーション」という言葉は、さまざまなメディアで使われているものの、抽象的でわかりづらいところがあります。そこで「イノベーションとは何なのか」を少しだけ掘り下げてみたいと思います。

イノベーションの概念や重要性を初めに説いたのは、経済学者ジョセフ・シュンペーター

（1883～1950）であり、著書『経済発展の理論』の中で、「新結合」、「慣行軌道の変更による重心の移動」と定義しています。シュンペーターは「いままでとは異なる方法でさまざまな要素を結合させる（新結合する）ことで慣行の軌道（それまでの経済の循環）が変化する。経済発展はそのようにして進んでいく」と説いたのです。日本では、1958年の経済白書でイノベーションを技術革新と紹介したものが定着し、「イノベーションとは新しい技術を発明すること」と誤解されているところがありますが、必ずしも発明である必要はなく、いまあるもの同士がいままでとは異なるやり方で「つながる」ことでイノベーションは実現できると言えます。

課題やニーズとつながる

イノベーションについてもう1つ重要なことは、「課題やニーズにつながって、それらを解決しようと取り組むなかでイノベーションは起きていく」ということです。

私たちは、アジアのイノベーションハブとして注目を集めるシンガポールに出向き、現地の政府関係者や実業界、アカデミアの人たちとイノベーションをテーマとした議論を行いました。

シンガポールは、国土が狭く（東京23区と同じ程度）、人口は約560万人（2017年時点）、

在シンガポールシンクタンクとの意見交換会（2019年5月13日）

内需による経済成長は難しい状況にあります。資源に乏しく、欧米や日本のように高い科学技術力を有しているわけでもありません。しかし、つながる力という観点でみると、①東南アジアの中心に位置し、アジア・オセアニアの国々につながりやすい、②民族構成では中華系が4分の3を占めており、華僑ネットワークで中国につながりやすい、③英語が話せるので欧米ともつながりやすいという強みがあります。この強みを活かしてアジアの課題やニーズに積極的につながり、欧米や日本の技術ノウハウを取り込んで「新結合（イノベーション）」を起こし、付加価値を高めた商品サービスを提供することでそれらを解決する。これがシンガポールのイノベーションハブモデルの基本形となっており、高い経済成長を続けているのです。

経済成長のモデルは国の規模や発展ステージよって適するものが異なってくるため、一概に日本がシンガポールのやり方をまねることを提言するものではありませんが、イノベーションを起こすという観点では大いに学ぶべきところがあります。

シンガポールの政府関係者や実業界の人たちとイノベーションについて議論すると、「イノベーションはニーズ・オリエンテッド」という言葉が繰り返し出てきます。イノベーションを起こすためには「課題やニーズにつながっていくことが大事なポイントである」と彼ら自身が強く感じています。

日本ならではのイノベーションを探せ

シンガポールを見るかぎり、より高い収益性（生産性）が見込めるのは、技術やノウハウを提供する欧米や日本のような国々ではなく、それらを組み合わせたイノベーションによってビジネス化していくシンガポールの方だと言えそうです。技術やノウハウを高めるには年月やコストがかかりますが、それらをつなぎ合わせて世の中のニーズを満たすような商品やサービスを考え出すには、ネットワーク力や経験値は求められるものの、コストはあまり必要としないからです。

地道な努力を重ね技術やノウハウを高めても、おいしいところを持っていかれているようで、日本人としては少し悔しい気がします。しかし考え方を変えれば、課題やニーズのあるところに自分でつながり、日本経済の強みを活かしたイノベーションによって自身が潤うビジネスを構築できれば、収益性（生産性）は何倍にも跳ね上がり、私たちの生活はもっと豊かになるはずです。

世界にはさまざまな課題やニーズが存在します。日本の強みを活かした、日本ならではのイノベーションで成果を出すためには、世界のどのエリアの、どのような課題やニーズにつながればいいでしょうか。逆に、国内の課題に目を向けたときには、どのような産業につながるべきでしょうか。また、課題やニーズにうまくつながり、日本が持つ技術ノウハウで新結合を起こし続けるためには、どのような仕掛けが必要でしょうか。そして、日本が人口減少下においてもイノベーション国家として高い経済成長を実現していくためには、日本企業や日本人はどのようにつながっていけばいいでしょうか。

2　どことつながるか

アジアの課題とつながる

狙うべきマーケットはアジアです。20世紀に日本が経験した社会課題は、世界中で克服されたわけでは決してありません。急速に経済成長し、今後、世界の中心になると予想されるアジアでは、水質／大気汚染がひどい、栄養状態／衛生状態が悪い、都市インフラが未整備、電力や交通手段が不足しているなど、かつて日本が経験した課題が至るところに溢れています。

日本はアジアの玄関口に位置し、概ねアジア地域を包含する日本の６０００㎞圏内には、２０１７年時点で39億人の人口、19を数える５００万人以上の大都市が含まれています（図３）。アジアの一員として文化的な親和性も高く、各国の開発や経済基盤づくりをサポートしてきた日本は、国際的にも高く評価されています。こうした日本独自の立地条件や関係性を生かしながら、アジアの社会課題とのつながりを強めていくべきです。われわれの試算では２０３７年に世界の直接投資残高の半分はアジア向けと予想しており、こうした取り組みが、アジアの成

図3　日本の6000km圏内

長を取り込み、日本経済を発展させる1つ目の基本戦略になると考えます（図４）。

20世紀の日本のレガシーに頼るだけが戦略ではありません。21世紀の現在、イノベーションの源泉となる「社会課題」で、アジア諸国が日本に注目している分野はあるでしょうか？　答えは力強くイエスです。大都市も地方も、ビジネスマンも政治家も、メディアも個人もＮＰＯも、日本が世界一の少子高齢化が進む国であり、このままの社会システムや生き方では立ち行かないとの共通認識を持っています。

アジアの新興国では、雇用の受け皿確保が大きな課題である一方、日本では雇用の受け皿を埋める人材の確保や、「省エネ」ならぬ「省人材」が喫緊の課題です。世界では自動運転やドローンは「あったらいいな」ですが、過疎化が進む日本の地域社会では自動運転やドローンの活用が「マスト」です。

そこで２つ目の基本戦略は、21世紀のアジアがいずれ克服すべき将来の課題とつながることです。アジアの新興国も急速に高齢化していますし、デジタル化を取り巻く課題はアジアワイドの関心事です。高齢化や地域の過疎化、農業従事者の確保、個人情報の保護、というと「国内課題」という印象を持つ方が多いと思いますが、こうした課題は、アジアに先駆けていま日本が経験している「グローバル課題」であると言えます。

この２つの基本戦略を達成するうえで、活用すべきなのがグローバルな枠組みです。２０１５年に国連がまとめた「ＳＤＧｓ」（持続可能な開発目標）は、２０３０年に実現する未来像（未来の理想）について、世界１９３の加盟国が合意したものであり、世界に共通する社会課題をグローバル目線で整理したものです。世界中の政府、企業、スタートアップ、ＮＧＯ／ＮＰＯが動きはじめています。ここで発生するビジネスはまさに「アジア大」であり、千載一遇のビジネスチャンスです。

日本の強みを生かしたイノベーションでＳＤＧｓの達成を主導できれば、日本経済が潤うだけでなく、日本の国際的な地位を高めることができます。公益性重視の経営が根づいている日本企業だからこそ、課題を抱えている当事国の立場に立って、ＳＤＧｓ達成を主導できます。

日本は、21世紀版の「列島改造論」ならぬ「アジア／世界改造論」を実現すべく、ＳＤＧｓを

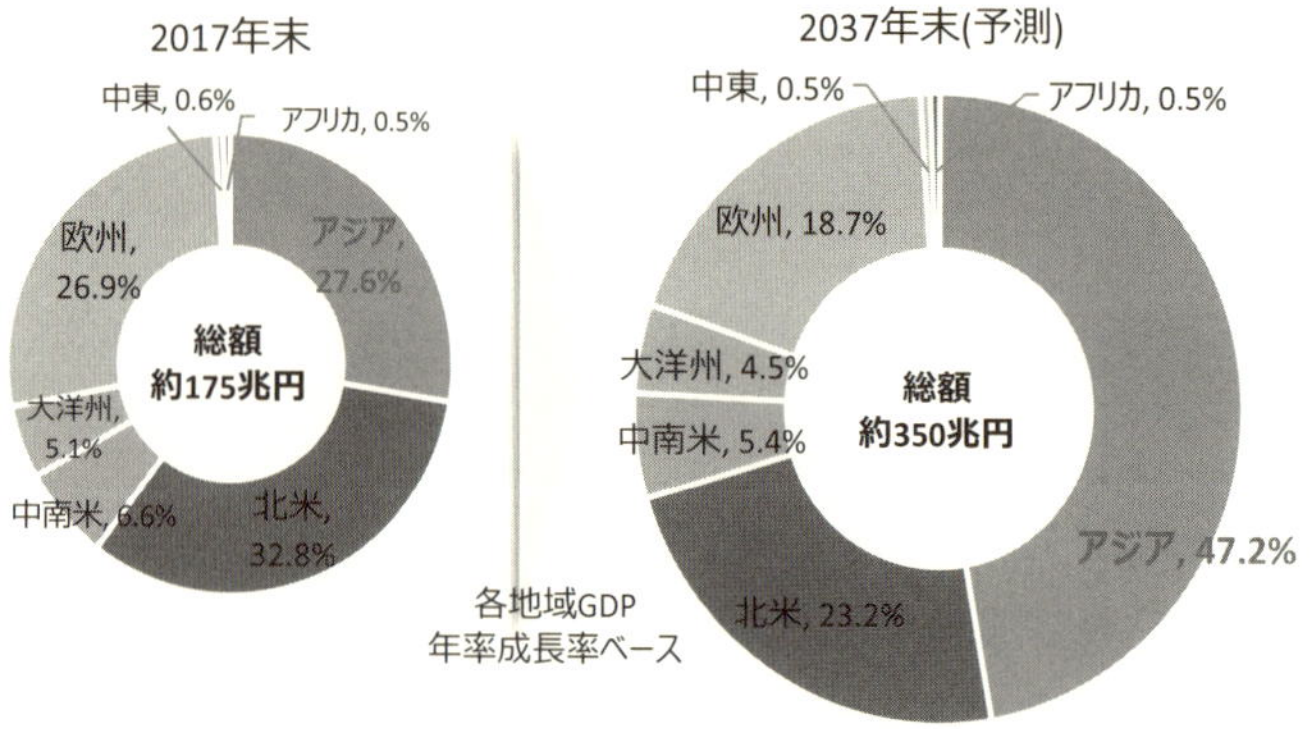

（出所）IMF「世界経済見通し」（2019年1月21日）のGDP成長率を用いて筆者試算

図4　地域別直接投資残高シミュレーション

活用しなければなりません。

そうした視点で見たときに、現在のＳＤＧｓには、少子高齢化、サイバーセキュリティ、プライバシー問題など、21世紀の社会が抱える新しい課題について記述が薄い傾向にあります。まだまだ世界的に未整理の社会課題がフロンティアとして残されており、現在のＳＤＧｓを発展させていく必要があります。

平成がスタートするころ、日本と豪州、米国が中心となって、「ＡＰＥＣ（アジア太平洋経済協力会議）」をつくりました。政府による条約・協定交渉ではなく、民間を交えたガイドラインづくりや協力といったソフトな取り組みで、アジア太平洋地域を発展させていく試みです。また、21世紀に入って、アジア諸国が協力する枠組みとして東アジアサミットという会議が設立されています。1年に1度、米国、中国、ロシアを含む大国の首脳やビジネスパーソンが顔を合わせ、政治、経済、協力関係について議論する枠組みです。日本の国内課題も、こうした枠組みで議論していくことでアジアの課題としていくことができます。

日本を世界の技術研究所にしようということではありません。日本がアジアの社会課題とつながる場となることが重要で、これにより、わが国のイノベーションを活性化できるはずです。

低生産性産業とつながる

人手不足が深刻で「コンビニや牛丼チェーン店は24時間営業や３６５日営業が困難」「宅配会社も荷物の扱い数量を受託制限」などと、いままで当たり前に提供されてきた日本ならではの高品質なサービスが維持できなくなっています。労働力人口の減少が直接的な理由ですが、さらに背景には所得が増えず豊かさを実感できない労働環境があります。

２０１７年度の日本の全産業における従業員一人当たり平均年収は４６０万円で、それ以下の産業は、低い順に、宿泊・飲食業（平均年収１４６万円）、サービス業（同２８６万円）、農林水産業（同２８７万円）、医療介護（同３５８万円）、卸売小売業（同４０２万円）となります。この５つの産業の雇用者数は全体の47・７％を占める２８４７万人である一方、国内総生産額は全体の29・1％と極端に生産性が低く、一人当たり所得も低い産業なのです。

これらの産業の生産性を飛躍的に向上できれば、日本全体の生産性向上、さらには国民一人当たりの所得の底上げを実現できるはずです。また、低生産性産業と新たなテクノロジーやソリューションをつなげることで、日本国内で数多くのイノベーションを起こすことができるはずです。そのために必要なことは「ITやロボットなどの先端技術とつながるための設備投資」「課題やニーズとつながる場の創出」「社員の知識・技術を向上させるための教育投資」など、前向きな未来に向けた投資です。

しかし、そのような投資が必要だと気づいていない、気づいていても実行を躊躇している企業経営者が存在しているために、イノベーションを起こせていないことも事実です。躊躇する企業経営者に対し、従業員の所得を増やすことへマインドをチェンジさせ、生産性向上に向けた取り組みを実行させるための制度や支援が必要です。

生産性を上げるもう1つの方法——人財トッププランナー制度

日本は、1997年の京都議定書の採択を契機に省エネを推進する制度として「省エネトップランナー制度」を制定しました。この制度は、自動車や電化製品などを対象にエネルギー消費効率が最も優れている機器（トップランナー）の実績数値を達成すべき基準値として定め、目標年度までに市場のすべての製品にその数値の達成を義務づける制度です。特筆すべきは、その時点で最も優れている製品の数値を基準にしていることです。

以前は、対象となる製品のすべてが平均値をクリアすることを目標とした平均基準値方式をとっていましたが、このトップランナー制度は、最も優れたトップ製品以外のすべての商品を引き上げる最高基準値方式で、難易度の高い制度になっています。結果として、車や電化製品における省エネ技術が着実に進歩し、消費者意識の高まりも相まって省エネ製品への移行が大きく進み、成果をあげました。

私たちは、省エネトップランナー制度と同じように、「ヒト」を対象にした「人財トップランナー制度」を採用することが、日本の生産性向上に有効だと考えました。

具体的には経済産業省と厚生労働省が主体となり、それぞれの企業の「一人当たり所得」を見える化し、産業や企業規模ごとに最上位企業（トップランナー）の実績数値を達成すべき目標基準値として設定します。一人当たり所得を増やすため安易に雇用を減らすような本末転倒が起きないよう、企業にはその基準値達成までの「アクションプラン」「雇用計画」「投資計画」を策定させ、進捗状況の公表を義務づけます。すなわち多くの雇用の場を提供し、生産性向上のための設備投資や人材育成投資によって生産性を上げる企業が評価される制度とします。

省エネトップランナー制度では、制度の浸透を図るために製品ごとのトップランナー基準に対する達成率を5段階評価し、その達成度合を「星の数」で表した「省エネルギーラベリング制度」を導入しました。これは消費者にとって製品を選ぶ目安となりました。人財トップランナー制度においても、産業や企業規模ごとに「一人当たり所得、生産性」について、トップランナー基準の達成率を5段階評価し、求人サイトや転職サイト、ハローワークの企業情報に「星の数」を表すようにします。この「人財トップランナーラベリング制度」で達成率の高い企業を際立たせ、企業を評価する指標として定着させることが重要です。経営者は否応にもこの指標を意識しなければならなくなります。

また、省エネトップランナー制度においては、消費者がエネルギー消費効率の基準値を達成している車や電化製品を購入する際、国が減税や補助を行う等の支援を実施しています。同様に人財トップランナー制度においても、生産性向上を目的としたAI／IoTなどテクノロジー投資施策により、一人当たりの生産性を一定以上向上させた企業に対し、補助金や減税、官民ファンドによる支援などの優遇制度をあわせて創設します。それにより企業の生産性が加速度的に向上すると考えています。

先述したようにSDGsがますます発展しその達成が求められる社会では、企業には自社の事業を通じた社会問題解決が求められるようになるでしょう。これまでの社会貢献（CSR）

から一歩も二歩も進んだ考え方です。その実現のためには、市場経済の足かせとなっている一部の法制度改革は必要不可欠です。たとえば、①介護保険制度を民間に開放し、民間保険会社による介護保険商品の販売を可能にする。②効率性に優れた農家の出現を促すため、農地の追加取得を容易にするように農地法を改正する。③独占禁止法を緩和し、グローバル競争に耐え得る企業連合の創出を可能にする。といった施策が必要です。

天然資源に乏しい日本における現在最も大切な資源は人材です。この人材を効率的かつ効果的に活用するため、国・企業・経営者が生産性向上に対して努力を怠らない社会の実現が必要なのです。

3　どうやってつながるか

どこにつながるか、ターゲットを決めたとして、そのつながり方も重要です。自分の会社に閉じこもってばかりいては気づけない「つながり方」があります。その議論のきっかけとして「オープン・イノベーション」について触れてみたいと思います。

まず日本の弱点を自覚しよう

日本の優れた技術をオープン化して新たなビジネスを創出しようという動きは、すでに数多く見られます。優れた技術を有する地域企業に、グローバルな仕事の場を提供することを目的に経済産業省等が支援する「グローバルネットワーク協会」、日本発の世界的ベンチャーを興すために、ベンチャー、大企業、シリコンバレーをつなぎ、起業家を育成する民間エージェント「Ｗｉｌ」、メーカーの技術課題と中小企業のニッチ技術を結ぶ民間オープンイノベーションプラットフォーム「Ｔｅｃｈｎｏ-Ｐｏｒｔ」等々。こうしたプラットフォームの中で、企業と企業を仲介するアクセラレーターも多数活躍しています。

空前の金余りで、足許では企業によるベンチャーキャピタルも盛況です。頭の中では「オープン・イノベーション」が経済拡大の救いの手になり得ることはわかっている、企業の中の誰かがこうした取り組みにかかわっている、それでも「日本でイノベーションが起きている」とは言い難い状況が続いています。なぜでしょうか。

１つは、前節で述べたとおり、ニーズとのつながりが弱いためではないでしょうか。

いまの企業のオープン・イノベーションの活動は、自社製品やサービスを補完して「何か」

新しいことができないか、いわゆる「シーズ側」のつながりにとどまっているように見えます。これでは「何か新しいこと」と言っていてもニーズとはつながれていないことになります。

もう1つは、日本企業は「つながること」自体が不得手だということです。

日本企業には、自前主義の発想が色濃く残っています。大企業から連携を持ちかけられた中小企業があったとしても「技術情報を搾取されるのではないか」という懸念が強いなど、うまくつながりを生み出せていないように思います。

実際「こんなことができる企業はないか」と探そうと調べても、どこの企業や大学がどんな技術を持っているのかよくわからない。あたりをつけて相談しても「秘密保持契約を結ばないと技術は開示できません」と言われる…。技術が盗まれることへのリスク管理はもちろん必要ですが、守り一辺倒では誰ともつながることはできません。

「つながる」成功体験を拡げよう

自前主義の企業や団体の殻を打ち破り、ニーズとシーズを徹底してつなげる仕掛けをつくれば、日本本来のDNAが開花し、イノベーション＝新結合が起きるはずです。

1つの企業事例を紹介します。

新潟県妙高市にコネクテックジャパンという半導体製造機器メーカーがあります。平田社長は大企業の半導体部門責任者でしたが、事業撤退にともない、血の滲む思いで仲間の再就職を斡旋した後にその会社を去りました。効率的な半導体製造ラインをつくるという要素技術、すなわち「シーズ」を持っていましたが、宝の持ち腐れになりかけます。他にも日の丸半導体に会社人生を賭して敗れた技術者がたくさんいて、その卓越した技術を活かせないままでした。その状況を憂えた平田社長は、新会社を立ち上げ、技術を持て余していたベテランを各社から呼び集め、世界最小クラスの半導体実装設備メーカーとして復活を遂げます。起業にあたっては足で稼いだ人脈や情報網を活かし、小ロット多品種の半導体供給が求められる試作マーケットのニーズを見いだし、手がけた経験のない医療分野において、新しく習得した低温溶接技術が転用できることに気づきます。いまではこの技術を活かし、耐熱性が低いバイオチップの実装を可能にする低温はんだ技術開発やベンチャー育成にもかかわり、「Japan Venture Awards 2018」の中小企業庁長官賞を受賞しました。

平田社長は、事業撤退という崖っぷちをきっかけに他社の技術者と交わり、特徴ある要素技術＝シーズを武器に変えました。また己の個性で開拓した人脈を通じ、想定していなかったニーズとつながり、眠りかけていたシーズを開花させました。こうした成功体験を経ていまでは、産業を異にするさまざまな企業と企業をつなげ、プロジェクトを組成するメンター役も買って出ており、新たなビジネスチャンスを次々と生み出しています。

こうした再生事例を偶然の産物で終わらせてはならない。成功体験を積み重ね、企業規模や産学の別を問わずに、あらゆるプレイヤーがチャンスをつかめる仕掛けを構築したいと私たちは願っています。

「ニーズ」と「シーズ」の徹底したつなげ方

そこで、疑い深い日本の企業や研究機関の背中を押す、「安心」で「信頼性高く」「効率」の良いBtoBの出合いの場として「イノベーションコミュニティ」の創設を提案します。

以下6つの要素に分けて、このコミュニティの機能を解説します。

「シーズ」＝「要素技術」を取り揃える

まずは、日本企業や大学の持つ独自性ある要素技術、すなわちシーズを登録して、データバンク化します。各企業や大学は、自らが有するシーズを見える化することから着手します。自社では日の当たらない要素技術であったとしても、リソースをかけたものはすべて棚卸することが重要です。

日本は、個別の産業規模では他国に押されてはいるものの、依然として世界有数の内需大国であり、モノづくり産業を例に挙げれば、原料調達・素材・加工・組立・輸送・運転・メンテナンスに至るまで、あらゆる領域で目的を実現する技術・ノウハウ・すり合わせ力――いわゆる「シーズ」がワンセットで揃っています。これは製造業に限らず農林水産業やサービス業に至るすべての産業群において同様で、企業の大小、産学の別を問わず、自前で研究開発に励み培ってきたリアルな実行能力です。

過去に目をやれば、武士には藩校、庶民には寺子屋が普及していた江戸時代以来、世界最高水準といわれるほど教育が普及しており、一部エリート層だけでなく、一定水準の教育が広く行き渡っていることが日本の強みでした。国民全体から湧き出る好奇心や向上心が、日本の多様な産業群を育みました。その地に足の着いたシーズを巧みに組み合わせる仕掛けが備われば、多様化する世界やアジアのニーズをつかむ稀有な存在になれるのです。

「ニーズ」はアジア規模で拾う

日本ばかりでなく、アジア中から集めたニーズ情報をデータバンク化します。登録されるニーズ情報は、「こんなことをしたい」「こういうことが解決できないか」という情報だけでなく、いままで放置されがちだった日本企業の海外支店に持ちこまれた相談事や、海外の商工会議所、

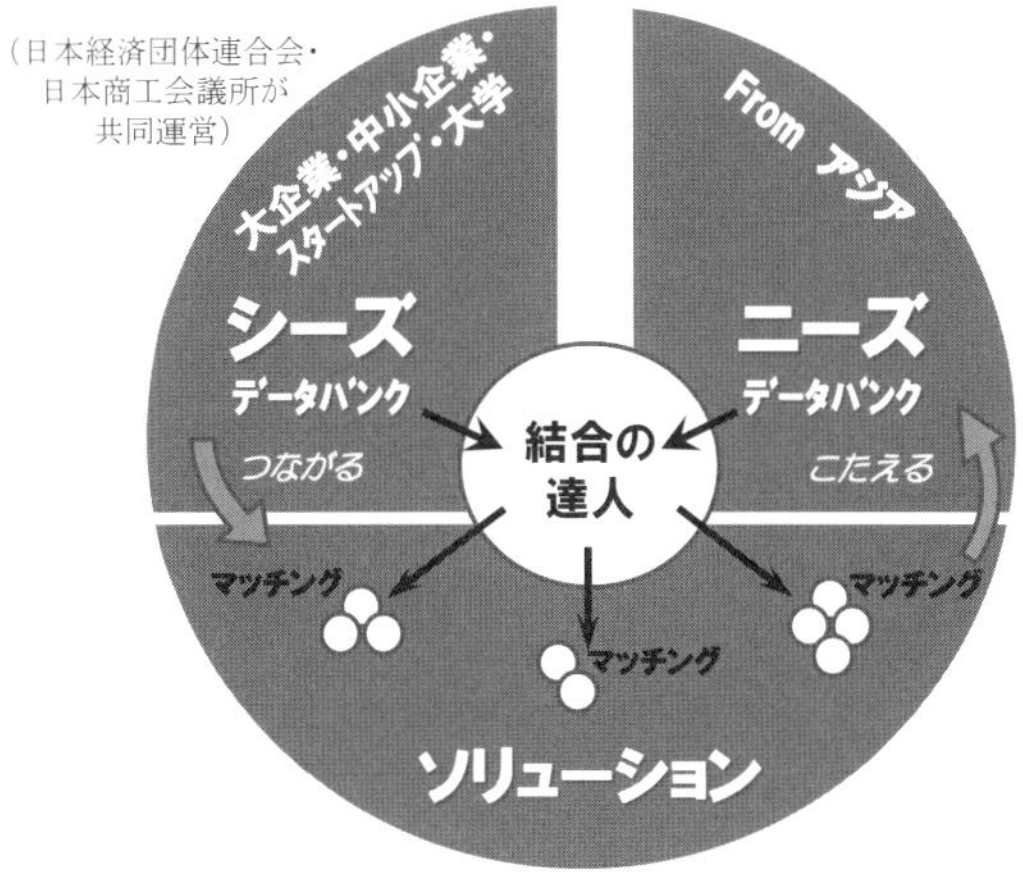

図5　日本発イノベーションコミュニティ

ＪＥＴＲＯなど公的機関に集まる情報も含めます。いままで「当社事業では対応できない」と放置されていた情報もここに登録すれば、「うちならできるかも」という誰かの目にとどまり、ビジネスにつながる可能性が出てきます。

「経団連」と「商工会議所」の共同運営でビジネスへの昇華を後押し

コミュニティの運営は経団連と商工会議所の共同運営に委ね、日本のほぼすべての大企業と中小企業が参加し、どの企業も対等な関係でビジネスマッチングできることを保障します。法人格付与や登録情報を保護する制度をつくり、特定企業の色がつかない、公平で研究団体や海外勢も受け入れやすい仕組みを確保します。具体的には、運営団体による情報確認などに加え、登録会員相互の評価を行い、価値の見いだせない情報、いい加減な情報は淘汰する仕組みとするものです。

コミュニティへの参加インセンティブとして、登録企業間で使える契約書のひな形の提供や弁護士相談の無料実施などを行い、公的機関も加わったプロジェクトへと動き出した場合はプロジェクトへの優先参加や調達優遇もできるようにするなど、つながりからビジネスへの昇華を後押しする仕組みを組み込みます。

「カプセル化」で企業機密を保護

各企業・機関・大学がイノベーションコミュニティに登録するシーズの数は、その企業や機関・団体の規模に応じて、ごくわずかだったり、数千項目にものぼったりするでしょう。たとえば、「コメの栽培」という要素技術といっても、「水田の大規模経営」にノウハウを持つ法人もあれば、「イネの品種交配」の研究に勤しむ大学の研究室もあるかもしれません。どこの誰のニーズにヒットするかはこの時点ではわかりません。

シーズの登録にノウハウの記載は不要とし、コミュニティ内でのBtoBの対話を通じ、ビジネスが具体化した段階で、初めて要素技術の心臓部に関する知的財産の個別契約を締結する流れとなります。秘伝の技術は見えそうで触れられない、第三者に対して機密がカプセル化され守られたコミュニティであるわけです。

適度なプライバシーが確保されたなかで、社会に役立てる機会を待っていた要素技術に光が当たり、企業や団体の規模を問わず、スピード感を持ってすばやくビジネスチャンスが生まれるようにします。

この開かれたコミュニティは、たとえば深圳のスタートアップ企業が利用することも排除しません。自らの企業団体の名称・規模・連絡先を明らかにすれば、誰でも参加できる場とします。課題解決を求めるニーズ側は、日本基準で安全・公正に管理されたコミュニティを通じ、世界の要素技術にアクセスすることができるのです。

解決策の提供側に回る日本企業にとっては国際競争に晒されることになるため、自前で構築したシーズの力が試されます。その技術は、海外勢との他流試合を通じ、ガラパゴス化されていない、真に世界に通用するシーズへと磨かれることが期待されます。

会員が享受できるB to Bの出合いのチャンス

イノベーションコミュニティの入口は、権利や情報の精度などを担保した、大企業も中堅・中小企業もベンチャーも大学も海外の人たちも安心して意見交換ができる会員制のＳＮＳのような場にしていきます。

図6にイノベーションコミュニティのトップ画面イメージを示します。アジア規模で古今東西のニーズとシーズが揃っています。これまで途方に暮れながらマッチング機会を模索していた企業担当者は、まずはハードルの低い検索機能でニーズ・シーズ双方から出合いのチャンスを見いだすことが可能です。また、実際に解決したソリューション事例も紹介するので、マッチングの参考にもなります。

結合の達人

このような、BtoBのビジネスマッチング機会が提供されることに一定の価値はありますが、単なる出合いの場であれば、一対一の結合にとどまり、イノベーションが起きやすい場とは必ずしも言えません。イノベーションコミュニティでは、ニーズとシーズを一対一でマッチングすることはもちろん、これにとどまらず、分野や産業を超えた複数の企業がそれぞれの技術を持ち寄り、連合体で解決するプロジェクトを組むことも可能にします。

そこで必要なのは、ニーズに対して分野や産業を超え複数の企業の要素技術を組み合わせて、新たなソリューションを生み出すつなぎ役です。私たちはこのような能力を持つ人を「結合の達人」と呼ぶことにします。結合の達人は単なるコンサルタントではありません。自らが卓越した要素技術を身につけ、その実用化という修羅場を潜ってきた技能者であり、新結合の力を

図6　イノベーションコミュニティのトップ画面イメージ

理解した指導者です。彼らの存在により以下のようなことが可能になるでしょう。

- 海外支店から相談を受けた新規事業開発担当者が、ニーズデータバンクに情報を登録した。後日、結合の達人から連絡があり「ある3社と組んで実現できそう」とのことだったので、一度話をしてみることになった。
- ある技術をシーズ登録していた中小企業に対し、海外の会員企業からQ&Aチャットで質問が来たので回答。その後、別の要素技術を持つもう1社が加わり、議論が盛り上がった結果、試作プロジェクトを実施することになった。

いくら社内で高い技術力を有していても、その技術が既存の顧客の利用技術にとどまっているのでは意味がありません。技術の使い道も自前主義に陥っている可能性があります。結合の達人は、各企業内に埋もれた価値ある要素技術を見いだし、それらを組み合わせ、連合体で解決するプロジェクトチームを編成して、さまざまな社会のニーズに使えるようにします。

結合の達人は経験の豊富さのみならず、企業に埋もれた要素技術に脚光を当て、経済を活性化させようという公共心と信念を持ち合わせていなければなりません。先に述べた平田社長も結合の達人ですが、そのような人材はまだまだ少ないばかりか、日が当たっていない存在です。こうした結合の達人がこのコミュニティでは大いに活躍するでしょうし、ユーザーの評価に応じて適切に処遇されることが期待されます。

つながる時代の経営指標

「つながる」価値観を組織に根づかせ、多様性に自らの組織を晒していくには、企業や組織のトップによるリーダーシップが欠かせません。

一方、トップの立場に立てば、コーポレートガバナンス・コードに代表される規範や透明性がますます要求され、短期の株主還元という市場プレッシャーが一層強まり、失敗を許容する経営がやりづらくなった時代とも言えます。

だからこそ果敢にリスクを取って、新たなパートナーとのつながりに挑戦する企業経営者を後押しする新たな経営指標が必要です。イノベーションコミュニティで組成されるプロジェクトへの参加件数を、企業のイノベーション力を示す指標として公表することを提唱します。たとえば、当該企業が1年間でイノベーションコミュニティを通じて参画したチーム件数を総資本で割った指数を公表するのです。イノベーションに積極的に取り組む企業を見える化することで、新たな投資の流れを促すことにもつながり、また企業経営者のマインドチェンジの背中を押すことにもなると考えます。

プロジェクトに数多く呼ばれるような企業を目指すことで、社員個人の育成にも変化が起きるはずです。要素技術を高度に磨くことで、産学の連携も進みますし、業種を横断した人的接点を多く持つことに価値が高まります。つまりは、これまで組織の内向きに費やしてきた労力を、外部組織とつながることにシフトさせるのです。

日本の企業に、自らの専門性を磨き、また外部との交わりを有するオープンな人材が増え、またそうした人材が新たな結合の達人へと飛躍し経済の拡大を牽引していくことを期待したいと思います。

4 人材をつなげる

人材流動化を加速せよ

社内における経験の積み重ねがものを言い、同質性が重視される業種はいまも多くあります。大量生産により高い生産性を実現している製造業や、正確性を旨とする輸送・運送業などの事例を考えると、終身雇用制にも効用はあると感じます。しかしそのような企業にあっても、「IT採用枠」と銘打ち、高度専門人材を社外に求め、働き方改革を標榜するなど、急激な社内改革を行っています。日本の強みであった終身雇用制に、人材の流動性や多様性を受容する制度を加え、新たな日本型雇用制度を確立するときに来ているのです。

企業の中で不遇をかこつ社員の存在は、日本経済全体にとって損失です。先述したコネクテックジャパンの成功は、人材の流動化なくして誕生し得なかったはずで、人材の適材適所は、個人が企業の枠を超えた選択肢の中から最も能力を発揮できる可能性を選択できることから生まれます。静的な日本社会をダイナミズムあるものに変え、「つながる」社会を実現することで、イノベーションを触発する機会を生み出すことができるのです。

人材をつなげるネットワーク

人材の有機的な流動化と適材適所を担保するには、「イノベーションコミュニティ」とともに、「これができる」人と「これが欲しい」人とをつなげるマッチング機能が必要です。

日立製作所は、効果的なグローバル人財マネジメントを果たすべく「グローバル人財データベース（ＨＣＤＢ）」を構築しました。グループ全社員を統一フォーマットで一元的に把握し、グローバル人財アプリケーションと連携してパフォーマンス・マネジメント、グローバル・リクルーティング、タレント・マネジメントやグローバル従業員サーベイを支援し、個別人財の把握や人的リソース配分に活用しています。

また「日立グローバル・グレード（ＨＧＧ）」と呼ばれるグループ共通役割等級を設定し、マネージャー以上の職務に対して役割や職責の大きさをグローバル統一基準で評価し等級格付けを行っており、ＨＣＤＢと連動して統一的な報酬管理につなげています。

適材適所をもたらすためには、このような仕組みを一企業を超えた社会基盤とすることが有効です。人材マッチングを恒常的に機能させる仕組み、「人材ネットワーク基盤」を確立する

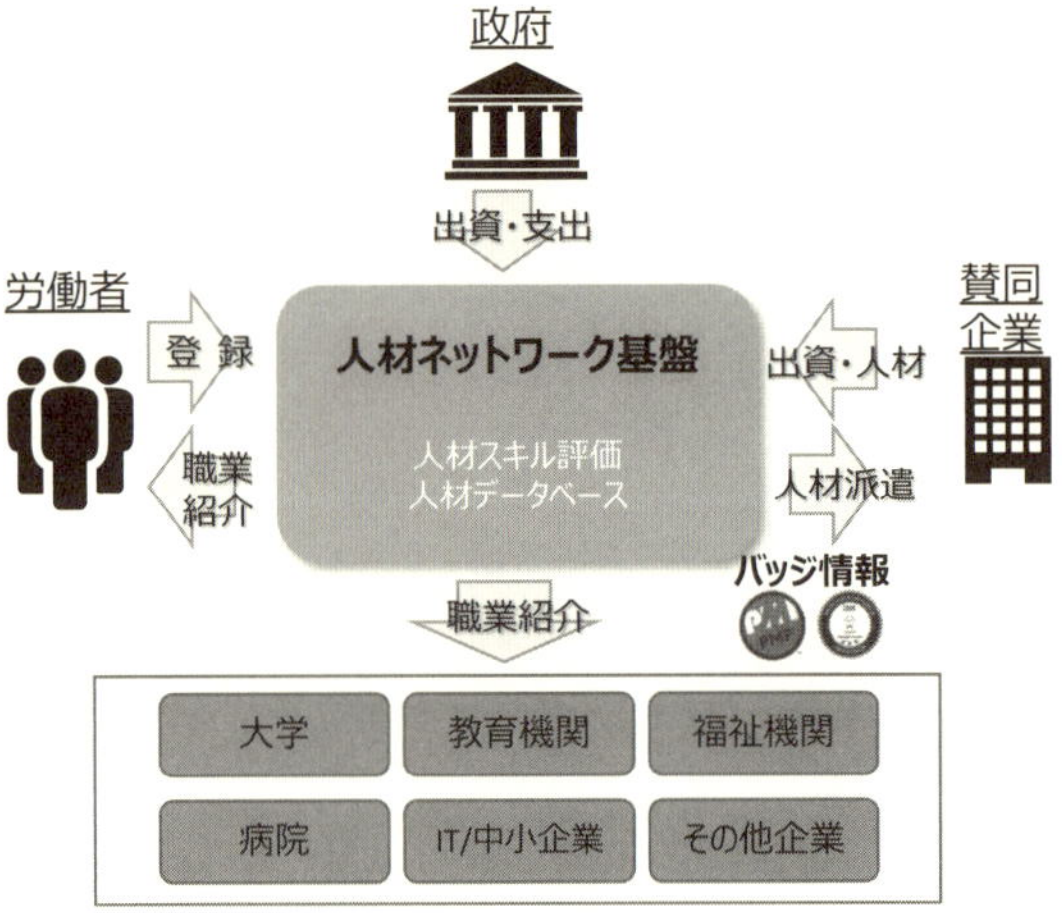

図7　人材ネットワーク基盤の概念図

ことが急務の課題と考えています。

この人材ネットワーク基盤は、人材の流動化を望む企業と政府の共同出資によって構築されます。出資企業間の人材マッチング機能を旨としつつ、職業紹介所と同様、希望する一般労働者もここの人材データベースに登録できる仕組みとします。そのデータベースを基にして、非出資の第三者企業等に対する人材提供支援も行います。政府出資による公的性付与によって人材紹介を可能にするとともに、登録料や紹介手数料、成約時の成功報酬などによって運営費用を賄える機関とするのです。

紹介先には教育機関や病院・介護機関、中小企業等を想定しており、これを活用して現役の社会人が、教わる立場だけでなく教える立場として職業教育にかかわることができれば、リカレント教育やデジタル人材の育成に寄与できます。また、医療・福祉機関や中小企業の生産性を向上させ、何よりその人材不足に対応することができます。

この人材ネットワーク基盤は、求人と求職という個人を結びつける職業安定所の機能に加えて、企業間流動性といった法人間の結びつけ要件を併せ持つ、拡大版職業安定所のような意味合いを持ちます。世にマッチングを行う組織は数多くありますが、これらのワンストップ化を目指す点で、人材流動化を促す社会基盤の役割を果たすものにしたいと思います。

したがって、厚労省が発行するジョブカードやキャリア段位などに散在している職業資格情報を一元的にデータベースとして管理することが望まれ、その手段として、ＩＴ業界で普及しているデジタルバッジ制度の活用が有効です。日本ＩＢＭではスキルの認定や特定アクションによりバッジを獲得でき、この授与は第三者機関が行うことで公平性が担保されています。財務、人事、法務、営業等を職業評価基準として、各社間で横断可能な能力バッジを掲載し、その能力を訴求できるため、人材流動化の促進につながります。

ＩＣＴを活用して効率的なマッチングを行うことも必要です。高齢者や女性が能力を発揮するためには、体力的な面や家事との両立といった個別事情に配慮した短時間労働や在宅勤務などが認められなくてはなりません。現在は対象を高齢者に限定しているサービスとして、東京大学と日本ＩＢＭが共同で開発している高齢者クラウドサービスがありますが、女性をはじめ多様な働き方を望む多くの人を対象として利用できるように拡大し、さらに当基盤で使用できるようになれば、効率的なマッチングが実現できます。

人材流動化を後押しする制度設計を

人材流動化を促進するための制度設計も必要です。在職老齢年金や高齢者雇用継続給付は、高齢者の雇用や労働移動を妨げることから廃止し、その財源はリカレント教育の普及のために教育訓練給付金として活用してはどうでしょうか。退職金優遇税制も廃止し、多様な社員に対する適切な処遇に充てるべきです。

企業が事業活動を縮小せざるを得ない状況になったときに、社員の休業や教育訓練、出向などの雇用調整を行う場合の賃金や費用の一部を国が支給する雇用調整助成金も、市場の新陳代謝や労働移動を促さない可能性があることから、転職時の給与低下に対する補完財源として使用するほうが流動化の促進につながります。

共働き世帯が過半数を占めている以上、配偶者控除も見直すべきです。アメリカでは共働き控除の制度が存在しており、日本でも同様の制度が普及すれば、世帯間の不公平感を解消でき、女性の社会進出を後押しすることになります。

求められるデジタル人材

現在、特に流動化が必要とされるのは、デジタル人材と経営人材です。
デジタルによる革命はグローバルで起こっており、国境や産業分野の境界などを曖昧なものとしており、デジタル人材の必要性を増加させるのみならず、人材の流動化を促しています。スマートフォンはデジタル世界につながるインタフェースとして存在していますし、電力量や製造・物流工程のリアルタイムモニタリングなど、デジタルによる大きな変化は至るところで見られ、デジタルの素養を持ちビジネス環境のダイナミックな変化に対応できる人材が必要とされているのです。

しかしながら、日本政府が２０１８年に発行した『ものづくり白書』の中で８割弱の企業でデジタル人材が不足していると指摘しています。また、デジタルに造詣の深いプロの経営人材が少ないことがデジタル人材の輩出や流動化を阻んでいると言われています。まさに年功序列の頂点に存在した現在の経営層が高齢化するなかで、社内人材の外部企業との交流や流動化を進め、次世代経営者それ自体を育成しなくてはなりません。変革を必要としている企業に若い経営者が招聘されることで、当該企業が変化に柔軟に対応できるとともに、デジタル人材の輩出も後押しするのです。

人材育成に目を向けると、これまで日本企業は、一律的・画一的に昇進や教育の機会を与えることで人材の底上げを図ってきました。しかしいまの大きな構造変化の渦中にあっては、仕事や能力に応じた成長機会の提供や、早期選抜、意図的な配置によって、変化への対応力が強化された人材の育成が必要なのです。当然のこと、社内の閉鎖的なキャリア形成に頼っていては企業としての競争力は低下します。「結合の達人」のような社内外とのネットワークや、汎用性の高い能力やスキル、専門性に対する必要性が増しており、これを可能とするためにも、自律的で自己選択的なキャリア形成が求められています。

さらに言えばこれらの人材育成は、企業だけでなく政府やアカデミアも協力して、より意図的に行うことが必要です。人材育成における産官学連携を進め、大学教育やリカレント教育とも連動した教育改革が重要になってきています。

人やモノをデジタルでつなぐ人材の確保に向けた具体的な仕掛けとして、「ＩＴスキルの必修化」は有効です。大学におけるＩＴスキル関連教科（基礎的なＩＴ知識、プログラミング、データ分析の基礎等）を必修科目に認定し、デジタル人材の底上げを図ります。デジタル人材は、社会のすべての分野で必要とされており、この教科はすべての学部において必修とすべきと考えます。同時に企業の新卒・中途の採用選考において、ＩＴスキル関連教科の習得を採用基準とすることを経団連はじめ産業団体が明示していくことで、必修化の定着を後押しする必要があります。

この際、デジタル世界の変化のスピードは格段に速いため、カリキュラムや資格の内容の定常的な見直しと更新を怠らないことも必要です。

人材育成のあり方を変革し時代に応じた人材を世に送り出すことで、流動化の元となる一定量の人材を確保できます。つながるにふさわしい人材を育成することは、流動化を進める第一歩でもあるのです。

第3章

安全保障を「自分ごと化」する

２０ｘｘ年、尖閣諸島に中国の工作員が上陸、そして中国軍は与那国島と宮古島への攻撃を開始し、海上自衛隊と中国海軍が衝突――。２０１９年に公開された映画『空母いぶき』の原作となる漫画の冒頭で描かれたシーンです。これは映画や漫画だけの世界で、現実には起こらないことなのでしょうか。

1 自衛隊を理解していますか？

安全保障を〈自分ごと〉として考えるにはどうすれば良いか、私たちはまず「自衛隊」を理解することから始めました。

真っ先に頭に浮かんだのは、東日本大震災などの大地震や豪雨などで人命救助に懸命に立ち向かう姿でした。災害列島といわれる日本。被災地での遭難者救出などの災害派遣は、重要な役割の１つです。しかし、自衛隊はもっと大きく重い責任を担っていると、私たちはこの１年間の活動を通して肌で感じるようになりました。

平和ボケしている時間的余裕はもはやない

日本には戦争がなく平和だといわれていますが、戦後から経済発展を優先させ、安全保障を米国に依存し、危機に対するセンサーが鈍り、平和ボケと揶揄されています。現実には中国、ロシア、北朝鮮、テロ組織等、多くの危機や不安定要素があります。経済と軍事両面で覇権を握ろうとする中国は、核心的利益を主張し虎視眈々と尖閣諸島を狙っています。もし尖閣諸島が占領されたらその瞬間、平和は崩れます。このような情勢の中で平和ボケしている時間的余裕はもはやないのです。

象徴的な事例をご紹介しましょう。中国の海警という日本でいう海上保安庁の船が、月に何度も尖閣諸島周辺で領海侵入を繰り返しています。海警の指揮官は海軍出身で、一部の船は武装した海軍の旧型艦です。その度に、軍艦と同じ能力を持たない日本の海上保安庁の巡視船が24時間体制で対応しているのです。

これは、尖閣周辺の領海だけの話ではありません。頻繁に中国空軍やロシア空軍の爆撃機が東京の沖合まで飛行し、時として領空侵犯をしているのです（図１）。普段の生活の中では感じることのできない力によるせめぎ合いが、いまこの瞬間も日本の周辺海域や空域で発生し、

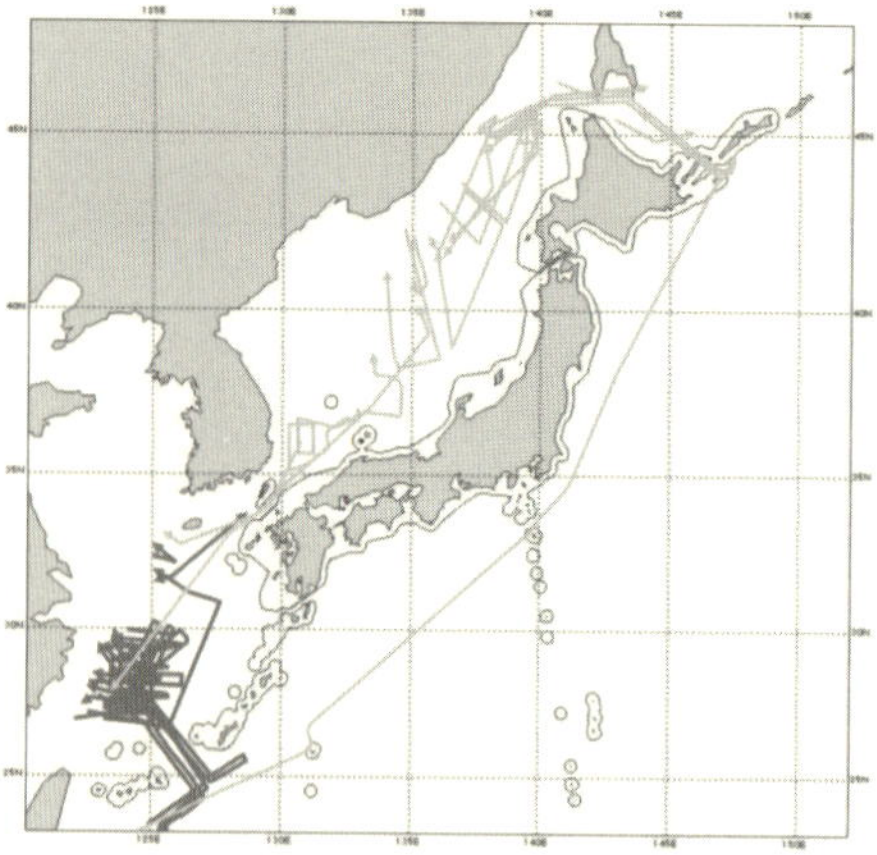

(出所) 防衛省統合幕僚監部 報道発表資料「平成31年度及び令和元年度1四半期の緊急発進実施状況について」(2019年7月26日) から抜粋

図1　緊急発進の対象となったロシア機及び中国機の飛行パターン例

海上自衛隊の護衛艦や航空機、航空自衛隊の戦闘機、海上保安庁の巡視船が洋上で任務にあたっています。

大きな問題は、こうした日々起こっている事実が国民にほとんど届いていないことです。２０１９年7月には、中国とロシアが合同訓練を行い、ロシア軍機が竹島周辺で領空侵犯をしたことが報じられましたが、領空侵犯・領海侵入の恐れによる自衛隊の緊急発進（スクランブル）は、実は毎日のように行われています（図2）。尖閣諸島周辺海域では、中国公船等の領海侵入が頻繁に行われ、２０１９年は8月までで昨年を上回っています（図3）。

私たちはそのことを沖縄の自衛隊や海上保安庁を訪れたときに目の当たりにしまし

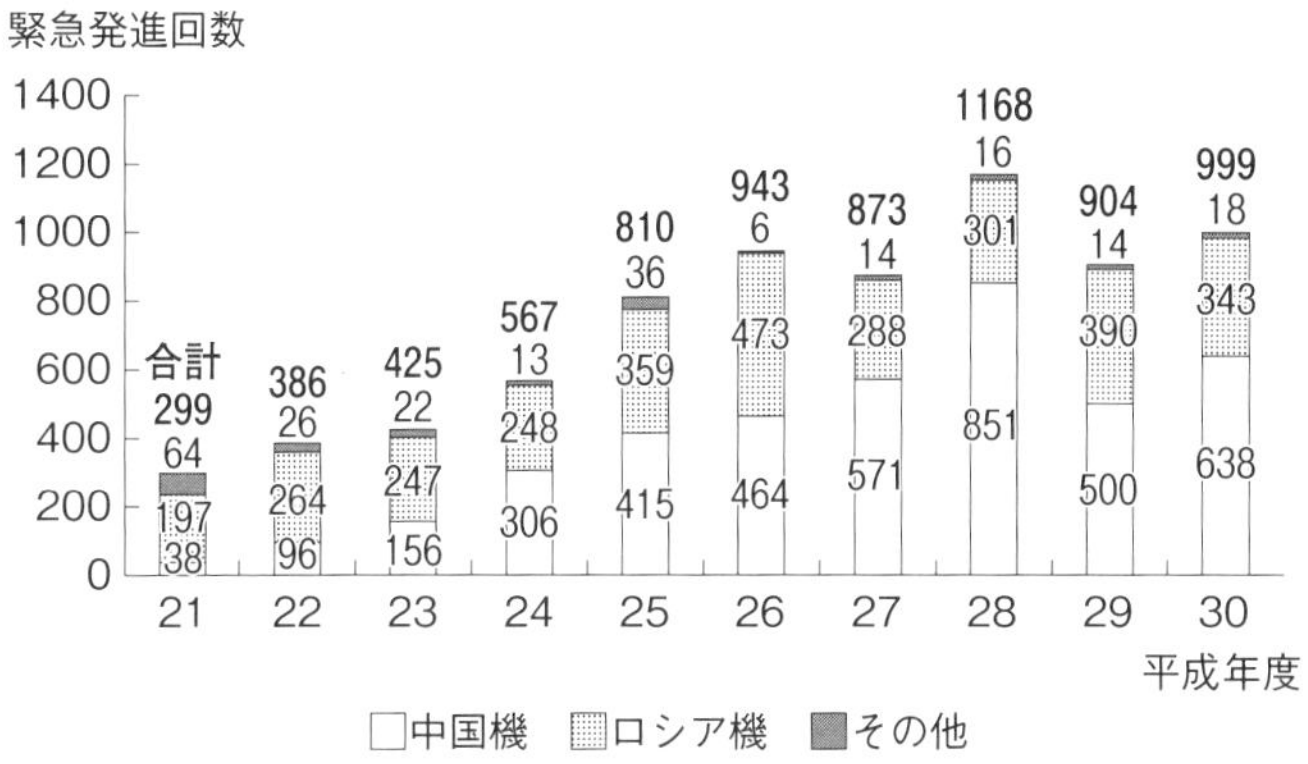

＊平成30年度では中国機が全体の3分の2を占め、突出している。その他には台湾機および韓国機が含まれる。

（出所）防衛省『防衛白書平成30年度版』及び統合幕僚監部発表資料をもとに作成

図2　空自戦闘機の緊急発進回数の推移

た。那覇空港では民間航空機が発着を繰り返す横で、航空自衛隊の戦闘機がスクランブル発進をし、石垣島の海上保安庁からは2隻の巡視船が現場へ向かっていきました。最前線の現場で日夜行われていることです。

安全保障を自分ごと化する第一歩として、いま、日本の海域・空域で起きていることを常に伝えることが大切ではないでしょうか。沖縄県の石垣島に本社を置く「八重山日報」は、「中国船４隻が領海侵入　今年○日目」と尖閣周辺の状況を一面で毎日伝えています。尖閣という現場に近いマスコミだからこそ、そこにある危機を伝え続けているのだと思います。

こうした危機感を国全体で共有するために、国家安全保障会議（ＮＳＣ）ではさまざ

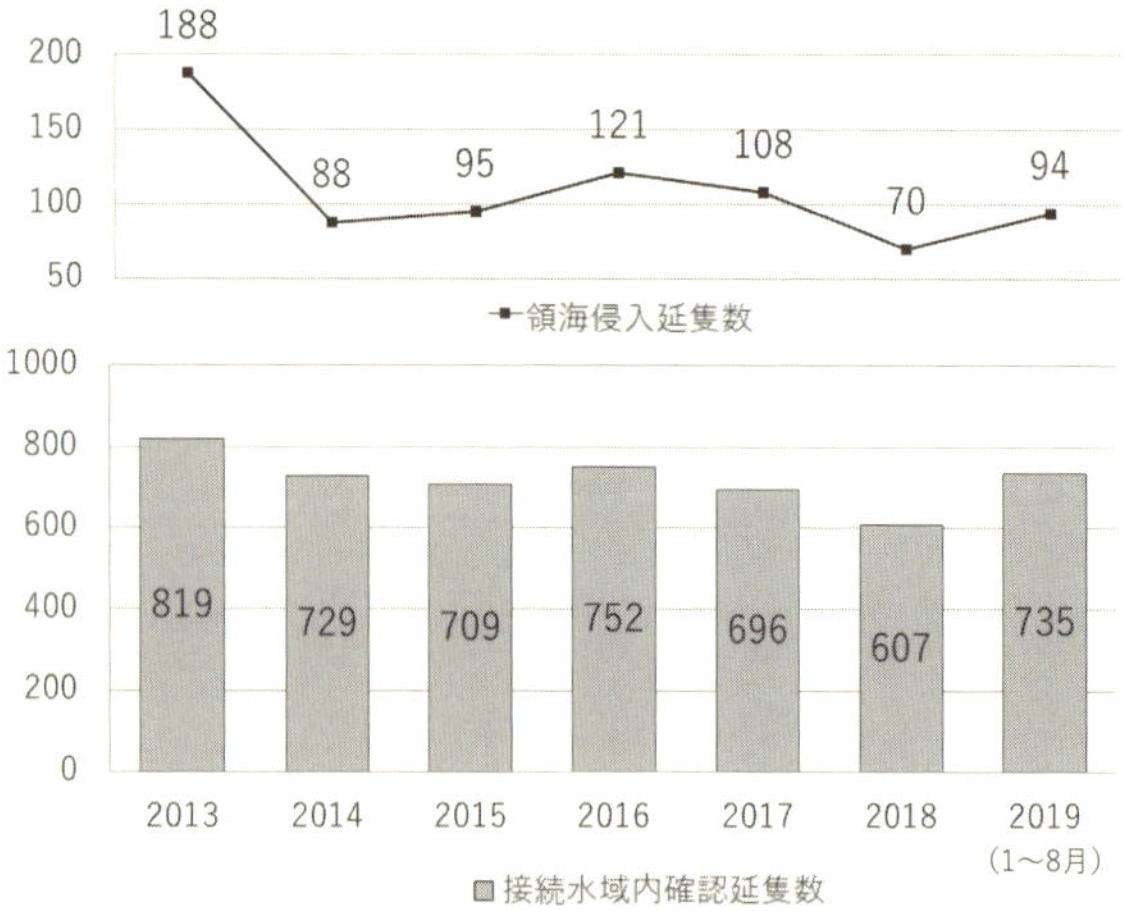

（出所）海上保安庁「尖閣諸島周辺海域における中国公船等の動向と我が国の対処」より作成

図3　中国公船等による尖閣諸島周辺の接続水域内入域及び領海侵入隻数

海上保安庁石垣海上保安部を訪問（2019年3月）

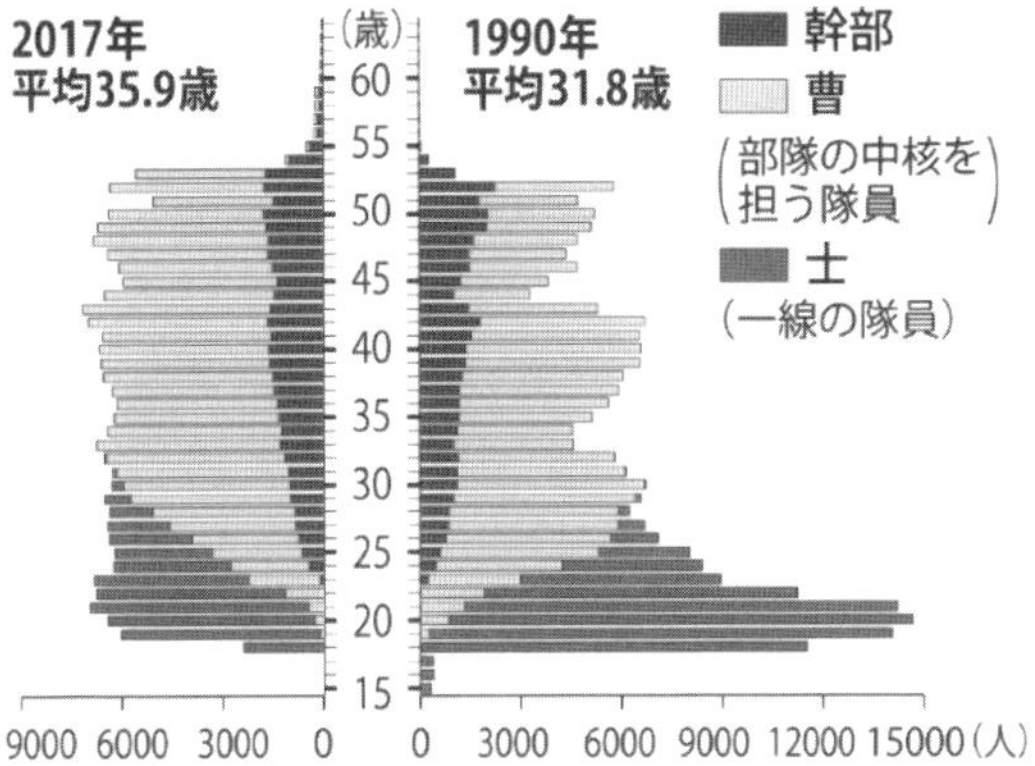

高齢化社会を反映し、現場の第一線の若い「士」が激減している

（出所）防衛省資料より作成

図4　自衛官の年齢構成

まな情報発信をしていますが、もっと天気予報のように、日々の海域・空域の状況を私たち国民に伝える仕掛けづくりや、海上自衛隊、航空自衛隊、海上保安庁の活動をトータルに伝える安全保障ポータルサイトの構築、平和維持に関連する自衛隊の活動を紹介する動画の作成（アメリカでは米軍の活動を頻繁に紹介しています）などによって、平和を脅かす危機があることを国民に知らせ続ける取り組みが必要なのです。

自衛官に「ありがとう」と言えますか

平和を維持していくためには、将来にわたって自衛隊が持続可能でなければなりません。第1章で述べたとおり少子高齢化が日本の大きな課題であることは周知の事実で、自衛隊もまたこの大きな波を受け、若い「士」の減少と高齢化が進み、その維持そのものが危ぶまれている状況です（図４）。

しかし、国防という任務に就く自衛官は、民間企業のように外国人労働者で人手不足を補うことはできません。国全体で危機感を共有する仕組みをつくるとともに、自衛隊の重要な役割を認識し、「紛争を抑止し、平和を守る」という高い志をもった若者を育てていくことが肝要です。そのためには、憲法９条に自衛隊の存在を明記し、義務教育で自衛隊のことをより深く、そして正しく教えていくべきだと思います。それにより、国民一人ひとりの心の中に自衛官への親しみや誇らしいと思う気持ちも芽生えるはずです。

アメリカでは、軍人が制服で歩いていると、市民が「Thank You for Your Service」と言い、軍人は「Thank You for Your Support」と応える光景をよく目にするそうです。しかし、日本では自分の職業が「自衛官」だと言えない、子どもが親の職業を「自衛官」だと言えないことを、さまざまな部隊を訪問して知りました。自衛官は「ことに臨んでは危険を顧みず……」という服務の宣誓をし、命を投げ打って国の平和と独立を守る覚悟を持っています。

その覚悟に対して、国民が自衛官に感謝の気持ちを率直に伝えられる国でありたい。まずは「いつも、ありがとう」と声をかけてみてはどうでしょうか。

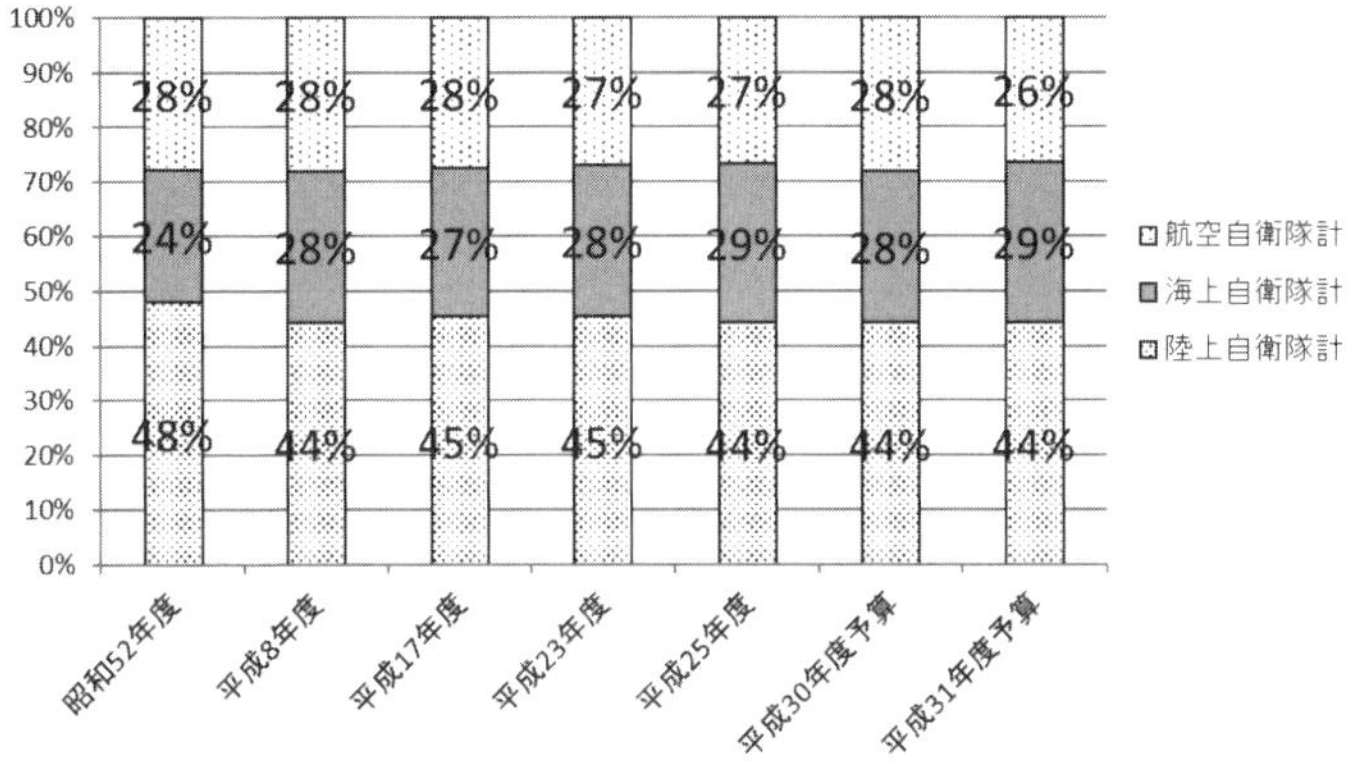

（出所）財務省財政制度等審議会 財政制度分科会 議事要旨等及び
防衛省 我が国の防衛と予算（案）平成31年度予算の概要より作成

図5　三自衛隊の歳出額の推移

待ったなし！自衛隊の自己変革

近年、社会保障費の増大にともなって、防衛予算を増額することは厳しい状況にあります。安倍政権になり若干ながら増加したものの、２ケタ増額を数十年継続している中国には足元にも及びません。限られた予算の中では、効率的な資源配分が大切です。

そのためにまず、日本の周辺海域や空域で起きている事態や安全保障環境に合わせ、陸海空のリソースをリバランスすることが必要です。昭和50年代から令和に入るまでの約40年間、三自衛隊の予算比率は陸上自衛隊（約44％）、航空自衛隊（約28％）、海上自衛隊（約28％）とほとんど変わっていません（図5）。予算だけではなく人員比率も、陸上自衛隊約15万人、海上自衛隊約4・5万人、航空自衛隊約4・7万人と、過去数十年間固定化されています。予算・人員とも最も多い陸上自衛隊は、多発する自然災害に対して災害派遣の中心となり、重要な役割を果たしてくれています。

しかし、日本を取り巻く状況は大きく変わり、国家防衛のあり方も変化しています。島嶼防衛が増加し、陸海空による統合運用の重要性も増し、周辺国の脅威が増大しているのです。陸続きの国境線を持たないわが国の国境線は海上にあります。国土防衛は当然のこと、海上・航空自衛隊が守らなければならない排他的経済水域や領海、領空の広さは約447万㎢で、世界第6位の大きさです。

加えてシーレーンの防衛を考えると、日本として守るべき地理的範囲はさらに広大になります。歴史を振り返っても、すべての脅威は海と空を経て侵入してくるのです。

民間企業では、限られたリソースを有効に活用するため、組織の壁を越えてさまざまな効率化を図ります。自衛隊も同様のはずです。陸上自衛隊の一部が、各自衛隊で基地業務や通信、補給、経理といった共通業務を担うとともに、ＡＩやロボットなどにより業務の効率化を図り、海空防衛力や後述する新領域の増強を推し進めるべきだと考えます。

なぜ日本の防衛装備品は高いのか

わが国の防衛装備品は諸外国にくらべ相対的に高いという現状があります。たとえば、米空軍の長距離大型輸送機は航空自衛隊の輸送機と価格・航続距離は、ほぼ変わらないのですが、米空軍は75トンの貨物を輸送でき、滑走路のない草原でも着陸できる不整地着陸という機能を有しています。それに対して国産の輸送機は36トンと半分しか輸送できず、有事に重要となる不整地着陸機能もありません。

この差は、なぜ起きるのでしょうか。技術力の問題だけではなく、主に生産体制に要因があると考えられます。日本では車両等の防衛装備品は、受注時の守秘義務やメーカー間の競争意識、部品発注先が分散されていることから、シャーシなど共通化できる部分もメーカーごとに仕様が異なり高コストとなりやすいのです。ドイツでは、高機動車やＡＲＴＥＣ車というジープの一種はメーカーが異なってもシャーシは共通で、ボディは目的に応じて変えるといった効率化を行い、低価格化が進んでいます。また、米国ボーイング社や欧州エアバス社では、官主導で社内に部品メーカー等を集約させることで、部品仕様の共通化などの合理化が進み、防衛産業マーケットを席巻しています。

また、大学などの研究機関が持つ高度な基礎研究の能力を防衛装備品に生かせていないことも課題です。留学生等の存在も考慮すると一定のセキュリティを確保する仕組みをつくる必要もありますが、防衛装備庁の募集する研究開発事業を活用し、わが国の総力として防衛能力を向上させる必要があります。

しかし、これを難しくしているのが、日本学術会議の「平和のために防衛技術の研究開発には寄与しない」という声明です。戦争をするための研究開発ではなく、平和を維持していくためのものという認識のもと、いまこそ産官学が一体となり、こうした問題を解決し、高コスト体制を打破すべきです。有事には海外の防衛装備品は部品調達やメンテナンス対応などで柔軟な対応ができない可能性があります。国内で低コストな防衛装備品をつくりだす力は、防衛力を維持するために必要なことなのです。

これからの防衛の焦点——宇宙・サイバー・電磁波

2019年、5年ぶりに改訂され、今後の防衛力整備の指針となる防衛大綱と中期防衛力整備計画では、サイバーや宇宙などの新領域を加えた「クロス・ドメイン（領域横断）」が焦点となっています。新たな戦いに対していかに備えていくべきか、その答えを探ってみました。

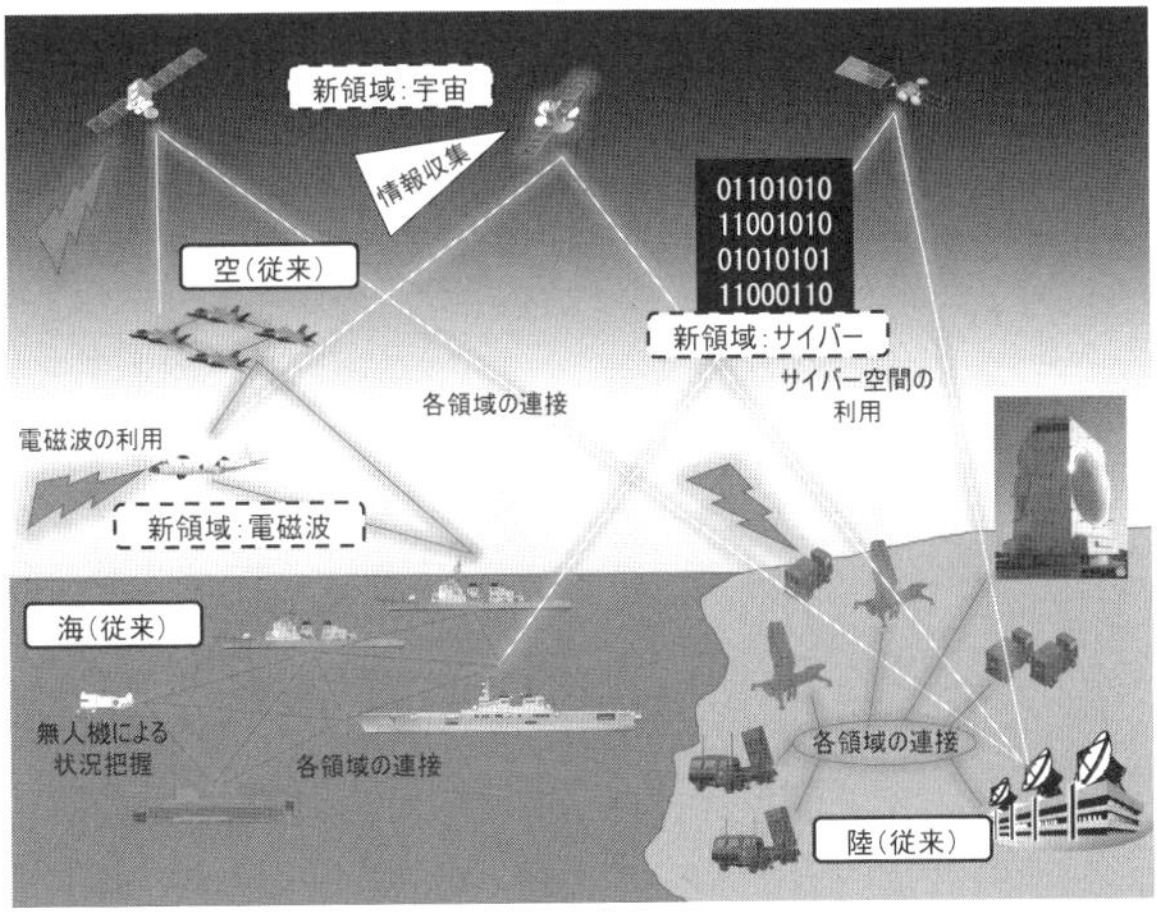

（出所）防衛省資料より作成

図6　新領域での防衛イメージ

デジタルの世界は、これまでの陸海空という従来領域とは異なり、国境のない仮想空間と目に見えない電磁波の空間から成り立っています。いわゆる新領域と言われている「宇宙」「サイバー」「電磁波」の世界です（図6）。この国境が曖昧な世界でのせめぎ合いが、いままさに私たちが直面している新たな脅威なのです。自衛隊リバランスや変革を行ううえで、より広範囲にわたる防衛を考慮する必要があります。

「宇宙領域」には、私たちの日常生活に密接にかかわっている生活基盤衛星が無数に存在しています。それらがもし破壊されれば、私たちは日常生活を普段どおりに行えなくなる可能性があり、ハイテク兵器を駆使した戦闘もできなくなります。宇宙空間が恣意的に攻撃されることによって私たちの日常生活や国家の防衛体制が崩壊する危険性が十分に考えられるのです。

宇宙空間の防衛を強化するには、JAXAが推進している「はやぶさ2」プロジェクトや宇宙ベンチャー企業のアストロスケール社が世界初の打上げを計画している宇宙ゴミ観測衛星事業などがあるように、世界的に見て高いレベルにある日本の宇宙開発技術力を産官学と国際連携によってさらに強化し、優位性を高めていくことが重要です。さらに、防衛装備庁を米国国防総省の国防高等研究計画局（DARPA）のようにさまざまな先端技術を開発できる組織とするとともに、国内に眠っている技術を発掘できる体制を築き上げていく必要があります。

「サイバー領域」は、コンピュータや情報通信ネットワークの進化にともない、今後もさらに膨張を続けていきます。世界中に張りめぐらされたインターネットなどによって、私たちは利便性の高い環境を享受していますが、その反面、その便利さを逆手にとった犯罪や妨害行為が横行し、現在も日々世界各地でサイバー攻撃が大量に発生しています。

その中には、国家が関与して実行したと思われる事例もあり、まさに兵器を使用しないハイブリッド戦争が起きていると言っても過言ではありません。特定の施設に対してコンピュータウイルスを大量に送信し、その施設の機能を停止に追い込むなど、社会インフラの停止や国家情勢の混乱を狙ったサイバー攻撃が実際に発生しています。

また、日本は企業や個人を含め、サイバーセキュリティに関する意識が低いという指摘があります。他の先進国にくらべ、人材も対策も劣っていると言わざるを得ません。不正アクセス対策をした企業に対して税制優遇を与えるというサイバーセキュリティ意識の向上を図る施策こそ実施されているもののまだまだ不十分で、より重要なことは優秀な人材の確保です。エストニアやイスラエルなど、この種の技術レベルが高い国との関係を深め、優秀なホワイトハッカーを招聘したり、予備自衛官制度の拡大によって人材を確保するなどの施策が考えられるでしょう。また、政府や民間企業が優秀な人材を抜擢し、報奨制度によって厚遇するなど人材を登用・囲い込むことも必要です。

「電磁波領域」に関しては、ＥＭＰ（電磁パルス）攻撃が知られています。高高度で核爆弾を爆発させて上空に強力な電磁波を拡散させ、その影響によって広範囲にわたって電子機器を使えなくしてしまう攻撃で、ブラックアウト（広範囲の停電）や核抑止の無力化などを引き起こします。また、自衛隊の通信やレーダーが妨害されれば、防衛力がまったく機能しない可能性もあります。こうしたＥＭＰの実験を実施している国が実際にあります。

現状では通信妨害の防御や、電磁波空間を把握する能力には限界があり、ＥＭＰ攻撃に対する防衛について完全なものはありません。通信妨害を受けても指揮通信だけは維持するような技術や仕組みを開発すること、ＡＩを活用し電磁波空間の可視化技術を向上させることで、電磁波空間の把握能力を高めていく取り組みが有効でしょう。

これまで見てきた3つの新領域をめぐる各国の攻防はすでに始まっています。この領域をしっかり防衛できなければ、国民の生活や企業の活動が脅かされる危険性があります。この状況を考えると、従来の陸海空という領域だけではなく宇宙・サイバー・電磁波という新領域を加えた広範囲の領域に、防衛リソースを早急にリバランスするとともに、産官学の連携で技術力を強化していく必要があります。

コラム●自衛隊は歴史に学んでいるのか

どんな組織でも、自己変革は必要ですが非常に難しいものです。日本においては、日露戦争で無敵と呼ばれたバルチック艦隊に勝利した大日本帝国海軍でも自己変革ができませんでした。太平洋戦争末期、大日本帝国海軍は水上艦艇による最後の大規模な作戦として天一号作戦を計画し、実行しました。1945年4月7日、鹿児島県徳之島坊ノ岬沖で米海軍部隊との海戦が勃発、帝国海軍の英知を結集して建造された戦艦「大和」は沈没しました。その出撃前に、大和の作戦を統括する臼淵大尉が次の言葉を述べています。

「進歩のない者は決して勝たない。負けて目覚めることが最上の道だ。日本は進歩ということを軽んじすぎた。私的な潔癖や徳義にこだわって、真の進歩を忘れていた。〈敗れて目覚める〉それ以外にどうして日本が救われるか。いま目覚めずしていつ救われるか。俺たちはその先導になるのだ。日本の新生に先駆けて散る。まさに本望じゃないか」

この言葉は、映画『男たちの大和』のシーンでも描かれました。日本海軍が真珠湾で航空母艦と航空機の有効性に気がつきながらも、大和や武蔵のような戦艦を中心とした運用を考える大艦巨砲主義で柔軟性を欠いたことが敗因の1つとなったことは有名です。

一方で米海軍は、航空母艦の重要性を認識、速やかに兵力整備を転換、さらに情報の運用に力を入れ、科学技術の開発に多大な投資をしました。

いまの自衛隊に目を向けてみましょう。日本の新生のために海に散った先人たちの思いを、進歩につなげているのでしょうか？

2 攻めの外交をきわめろ

紛争を抑止し平和を守るには、防衛力はもちろんのこと、外交によって価値観をともにする仲間との結束を強くすることが求められます。しかし現在、これまで築きあげてきた関係が揺るがされる事態があちこちで起こっています。

たとえば日韓関係です。レーダー照射や徴用工問題、輸出優遇措置の見直し等をめぐり、日本と韓国の関係は1965年の国交正常化以来最悪ともいわれ、本書執筆時点で対立は長期化すると予想されています。経済面での影響が強調されていますが、安全保障面においても深刻な事態だと受け止めなければなりません。韓国は、日本と2016年に結んだ秘密軍事情報保護協定（GSOMIA）の破棄を決定しました。これにより、日米韓の軍事協力が弱体化へ向かえば、中国や北朝鮮に有利に働きます。日米同盟、米韓同盟を軸とした3国の協力関係は、東アジア地域の平和と安定を維持するための要です。日韓関係の歪により、東アジアの防衛ラインは大きく変わる可能性があります。

さらに2019年6月、中東のホルムズ海峡で日本のタンカーが何者かに攻撃され、米海軍が日本のタンカーの救援活動を行いました。トランプ大統領は日本や中国などに対し、自国の石油タンカーは自分で守るべきだと主張。「なぜ米国が代償なしに他国のために輸送路を守っているのか」とも述べています。その後はトランプ大統領から日米安全保障条約を破棄する可能性についての発言が報じられ、米国が攻撃されても日本には米国を守る義務がないのは「不公平」だと改めて指摘しました。

こうした事態が日本人の安全保障意識に一石を投じています。いまこそ、外交の重要性を改めて認識し、攻めの外交へと転換しなければなりません。

米国は頼れる？　頼れない？

太平洋戦争敗戦後現在に至るまで、日本の安全保障の中核は日米同盟でした。しかし今後も日米安全保障条約を前提にして、米国の防衛力に日本は頼ることができるのでしょうか。

先に述べたように中国の海警による尖閣諸島周辺での領海侵入が発生していますが、もし尖閣諸島が何らかのかたちで中国に占領された場合、米国は尖閣諸島に軍隊を派遣してくれるのでしょうか。現在の米国の状況を見ると、自衛隊が尖閣諸島奪還のための戦闘に突入し、多くの日本人が血を流す前に、多数の将兵の命を危険にさらしてまで、アメリカ軍が中国人民解放軍と戦うことは、考えにくいように思えます。

現実を直視すれば、国家防衛力の再構築と強化が日本の喫緊の課題であることは論を俟たないにしても、日本が防衛力において、米国に頼ることなく自立することが可能かということです。日本は世界的に見て高いレベルの宇宙開発技術力を持っていますが、新領域の防衛力においても、米国の技術力に大きく依存しているのが実態です。当然のこと、自国防衛を単独で行うことは、莫大な財政負担を伴います。

日本が負担している在日米軍駐留経費については「思いやり予算」と揶揄されることがありますが、日本が単独で在日米軍と同じ装備を持ち、同じ体制を構築することは、現在の日本の経済力では不可能であることを認識せねばなりません。日米同盟は、米国の軍事力の傘の下で安全保障を実現することでわが国の財政負担を軽減させ、それを経済に振り向け高度経済成長を実現させた立役者でもあるのです。

万が一、日米同盟の破棄を考えれば、それは、米国の核の傘から外れることを意味します。日本の安全のために核武装すべきと主張する人も出るかもしれませんが、包括的核実験禁止条約（ＣＴＢＴ）に反するばかりか、世界唯一の被爆国としての国民感情とも相入れないでしょう。技術力やコストについて検討する以前の問題だと思います。

米国との同盟に頼れないのであれば、隣国である中国と仲良くしたほうがいい。そんな声も聞こえてきそうです。しかし、現在のウイグル自治区、香港の状況を見るにつけ、私たちが大切と考えている民主主義や言論の自由といった基本的な価値観を共有できる相手なのかと疑念を抱かざるを得ず、米国との同盟こそが日本にとって最も安心な同盟であり、いかに価値のあるものかということを痛感させられます。やはり、今後も日本の安全保障の中核として最大限継続すべきことに変わりはない、というのが私たちの結論です。

日米同盟の将来

そもそも、日米同盟を最大限継続するとはどういうことでしょうか。日米同盟は、たとえば、米国が民族的なつながりを有する「ファイブ・アイズ（Five Eyes）」（機密情報を共有する米国、英国、カナダ、豪州、ニュージーランドの5カ国）とは対照的に、価値の共有で結ばれている同盟ですから、その重要性を両国が認識し、日米同盟を維持する強い意志が必要です。戦後の長い日米同盟の歴史の中で、安全保障関係者の結束は本音で話せるところまで深化させてきており、日本の外交にとって非常に貴重な財産です。

日本はこうした貴重な財産を活かし、米国には手に手を携えた「価値の外交」を呼びかけるべきです。日本の外交の柱である「自由で開かれたインド太平洋構想」の発展に向けて日米が連携していくことは、日米同盟の確認、そして、日本の安全保障の強化につながります。米国の内政が揺らぐと日本は不安に陥ります。しかし、言論の自由が保障された米国言論界の修正力も忘れるべきではありません。米国の短期的な内政動向や米国第一主義に惑わされず、大統領選などの動向を冷静に見据えると同時に、日米関係が日本外交の基軸であることを揺るがさない覚悟が必要です。

一方で、米国国力の相対的低下も直視し、米国一国に頼り切ることが難しい場合に備える必要もあります。米国同様に価値観を共有できる国々との結束強化、外交による仲間づくりを通じて、国際社会のパワーバランスを維持する体制をつくるべきです。

米国から見れば、このことは同盟国としての日本自身の存在価値を高めることにつながります。日本自身が輝きを放つために、経済力の向上はもちろんのこと、外交力を高めることが不可欠なのです。アジアに位置する日本が中心となって、基本的な価値観を共有できるアジアの国々との連携を強めていかねばなりません。

インドとの連携が焦点

基本的な価値観が共有できるアジアの国々との連携を考えるとき、1つのカギとなるのが、成長国インドとの連携だと私たちは考えました。

表1　日印間および日中間の人材交流、学術交流

	日印間	日中間	割合
日本人訪問者数（2017年：観光庁）	約23万人	約260万人	1/11
訪日観光客数（2017年：観光庁）	約13.4万人	約637万人	1/48
在日留学生数（2017年：法務省）	1,236人	115,278人	1/93
在留邦人数（2017年：外務省）	9,197人	124,162人	1/14
在留外国人数（2017年：法務省）	31,689人	730,890人	1/24
日本語学習者数（2015年度）	24,011人	953,283人	1/40

（出所）外務省資料より抜粋

インドはすでに13億人を超える人口を有し、将来、中国に次ぐ経済大国になることが見込まれています。またすでに、米国、ロシア、中国に次ぐ世界第4位の軍事力を持つと言われていま す。そのインドにとって、最大の仮想敵国は中国であり、とくに南西アジア地域（バングラデシュ、スリランカ、モルディブ等）における中国のプレゼンス拡大には、大きな警戒を示しています。

日本とインドは1952年に国交を樹立し、インド国内の強い親日感情にも支えられながら、友好関係を維持してきました。安倍総理とモディ首相との間ではすでに計14回の首脳会談を開催し、政府間では防衛協力や経済面での協力の枠組みが整ってきています。

安全保障のためにインドとの連携を深めること、それは、2国間関係をあらゆる面で強固にすることを意味します。まず、いま必要なことは、人の交流だと私たちは考えます。日中間と比較すると、現在の日印間の交流はいまだこれからの状態です

（表1）。相互に観光客数や在留者数を増やすためには、両国民が、もっと互いの歴史と国民性を熟知することが必要です。歴史を紐解けば、仏教をはじめ、実は共通点が多く、こうした相互理解の種があることを考えると、広報活動が重要になってきます。

２０１２年の日印国交回復60周年を記念して、有志が『インドのひみつ』という小学生向けのインドの紹介本を制作し、全国の小学校に無償で配布したことがあります。賞賛に値する取り組みですが、今後はさらに、査証発給要件などの緩和や日本語教育支援策の導入、さらにはクールジャパン政策の展開などで、文化交流・青少年交流に本腰を入れるべきときに来ています。

次に、経済交流です。現在の日印間の経済関係は拡大傾向ではあるものの、両国の経済規模を考えれば、いまだ限定的と言わざるを得ません。２０１７年度の日印間の貿易総額は、日中間の約20分の1にとどまり、日本の対インド直接投資は対中の約5分の1、日系企業の進出拠点数は同約7分の1です（財務省貿易統計、同省国際収支統計）。

ビジネスを深めることは2国間関係強化の礎となり、日系企業の経済活動は日本の安全保障にとって大きな力になりますが、その課題をつぶさに観察すると、いくつかの特徴が見えてきます。

たとえば、インド各州の独自性が指摘できます。インドは英国植民地時代、連邦型統治形態が導入され、中央と州の間の権限分割が行われました。各地域の独自性が際立っており、インド州政府等により制度が頻繁に変えられます。企業にとっては予見可能性が低く、州ごとの税制や労務情報などをリアルタイムで収集しなければ足元をすくわれることになります。

国民性においては、一筋縄ではいかないインド人のビジネス気質に対しても心構えが必要となります。日系企業のインド進出に当たっては、「日本人は甘すぎる、正直すぎる、謙虚すぎる」と指摘されていることをよく理解することが肝要です。このことを考慮すれば、現地有力企業との合弁事業や資本参加という選択が最もリスクが低いように思えます。しかし、報道によれば、NTTドコモとインド最大財閥タタ・グループとの間で提携解消に伴う損害賠償問題が発生し、第一三共が出資した後発医薬品メーカー・ランバクシーでは、巨額損失計上が発覚した例もあります。そして、両社ともその処理に長い時間をかけることになりました。日系企業はインド市場進出の道として、パートナーシップという選択肢に加え、意思決定の自由度が高い独立資本で投資することも検討すべきだと考えます。

一般にインド企業は議論が長いうえに、機が熟していない段階でも、スピードを重視する経営判断を求めがちです。日本型の意思決定システムと相容れず、インド企業から愛想をつかされることも多いという指摘もあります。これに関しては、現地の日系企業の意志決定をインド型に整える工夫が必要かもしれません。経済交流の促進には、失敗事例も含めたこうした経験談を参考に、心構えと注意事項をきめ細かく伝えていくことが、力強い支援となります。

日本政府には日系企業の投資環境整備につなげる事業、たとえば大気汚染対策への協力を推進する「ブルー・スカイ協力（Japan's Blue Sky Initiatives）」などODA（政府開発援助）や、現地行政府等への陳情や売り込み、紛争解決等の支援が期待されます。これらの推進が日本の安全保障につながる経済支援なのだというマインドを官民ともに持つことが必要です。

もちろん、政府の進める「自由で開かれたインド太平洋構想」に従って、インドをはじめとしたインド太平洋地域の各国海軍等との共同訓練を実施し、部隊の戦術技量の向上と各国海軍との連携強化を図ることも重要です。連携強化の一例として、ホルムズ海峡での共同取り組みなども利害が一致しやすいと思います。こうした動きはすでに始まっていますが、海上保安・海洋状況把握の能力構築を支援するだけでなく、新領域における防衛分野での連携も加速させていくべきです。

このように、人の交流・経済交流で安全保障の礎を強化し、防衛面での連携にも着手することで、骨太な安全保障協力へとつなげることができます。

日米同盟を補完する英連邦諸国との連携

インドの非同盟主義にも留意が必要です。インドは１９５３年、ネルー首相（当時）が議会演説で、「戦争に反対し、平和維持に努力する諸国によって」第三地域の結成を提唱し、伝統的に非同盟、全方位外交を志向しています。

近年、日本、米国との関係を強化する一方、ロシアとの伝統的な友好関係を維持、中国との経済関係も急速に発展させています。この絶妙な距離の取り方がインド外交の特徴と言えます。日本としては、インドとの２国間関係をあらゆる分野で強化するにせよ、外交的にはもうひとつ工夫が欲しいところです。

そこで、日本とインドとの２国間関係を強化しつつ、日米同盟を補完する多極的な仲間づくりとして、英国をはじめとする英連邦（コモンウェルス）諸国との連携を想定しました。明治以降の近代日本にとって、「大英帝国」は政治・経済・軍事・文化等あらゆる分野においてお手本でした。極東の安全保障問題をめぐって日英同盟を締結した時期があり、失効後に太平洋戦争では交戦という残念な歴史がありますが、戦後、外交関係を再開し、両国間のわだかまりに風穴を開けたのが英国王室でした。いまや皇室と王室は家族ぐるみのつき合いで結ばれてい

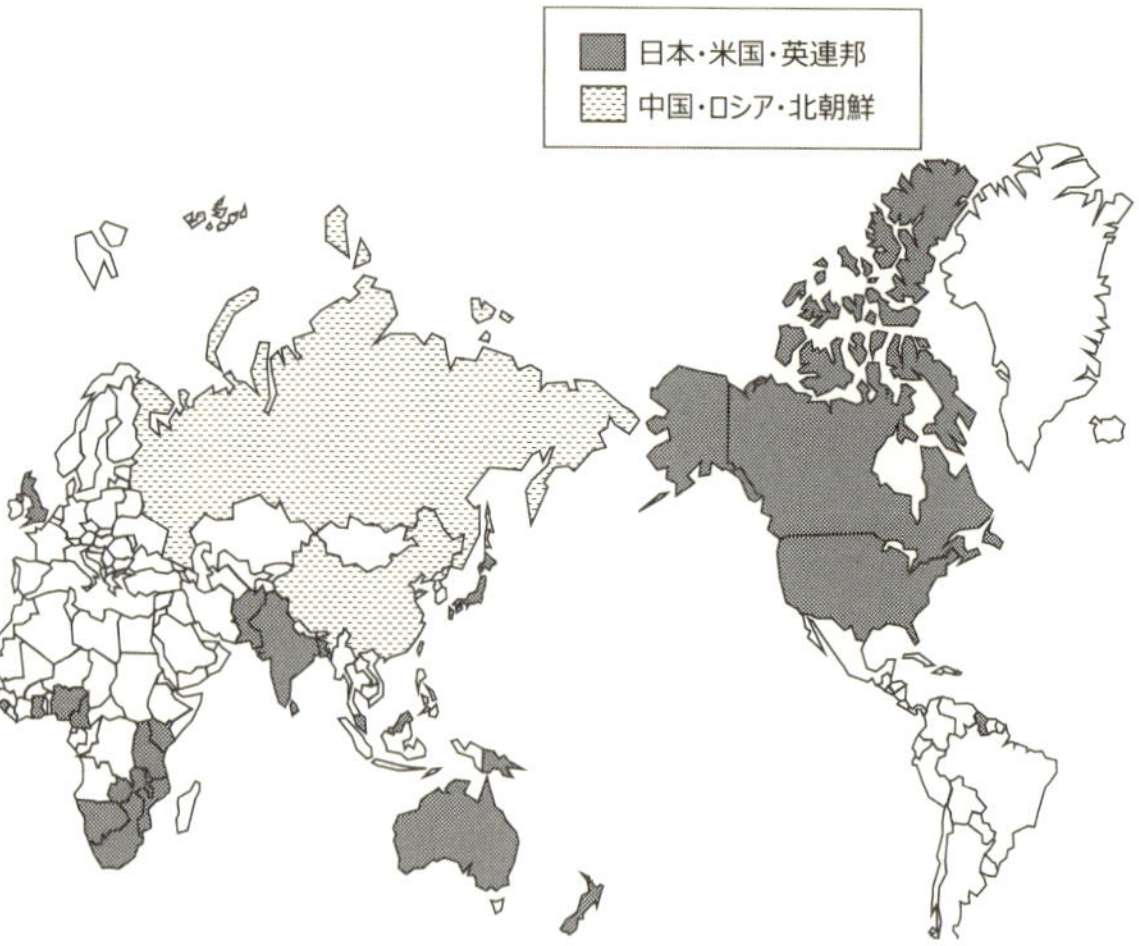

図7　日・米・英連邦（コモンウェルス）と中・ロ・北朝鮮

ます。

コモンウェルスとは、英国とかつての大英帝国の旧植民地の国々が対等の立場で構成する友好・協力関係を基盤としたゆるやかな国家連合体です。機密情報を共有する枠組み「ファイブ・アイズ（Five Eyes）」も、米国以外はコモンウェルスであり、英国、豪州、ニュージーランドと5カ国防衛取極（FPDA）を締結しているシンガポールとマレーシアもコモンウェルス、大洋州・アフリカの日本とかかわりの深い多くの国がこのネットワークに入っています。（図7）

日本は米国やインドだけでなく、英国をはじめとするコモンウェルス諸国との幅広い連携によって、大洋州やアフリカ諸国にも食指を伸ばしている中国に対する牽制力を高め、ユーラシア大陸およびインド太平洋地域のパワーバランスの維持につなげられるのではないかと考えられます。「自由で開かれたインド太平洋構想」の実現において、ＯＤＡによる太平洋島嶼国や東アフリカ地域への支援の拡大も重要で、このとき、コモンウェルス諸国との連携強化が図れるでしょう。

国際ルールづくりという戦場――ＤＦＦＴをグローバルスタンダードに

パワーバランスを維持するための仲間づくりのもう１つの切り口は、自由主義経済圏の構築です。日本は自由貿易体制の旗手として、ＴＰＰ11を主導し、いまは東アジア地域包括的経済連携（ＲＣＥＰ）の妥結に向けて進んでいます。このような自由貿易圏の拡大は、日本の存在感を高めるものであり、今後もわが国の経済外交の中核となる政策です。

しかし、経済活動のルールに目を向ければ、各国が自国に有利な条件をグローバルスタンダードにしようとしています。しかも、中国をはじめとする国々の中には、ルールが設定されていない場面での暴走、そして、ルールが設定されていてもルール無視によって経済利益を獲得する暴走も見られます。これにくさびを打ち込めるようなグローバルスタンダードづくりを主導すること、ここが日本の経済外交の力の見せどころです。

では、経済力をはじめ、「力」がものをいうスタンダードづくりにおいて、日本は何ができるのでしょうか。世界に目を向けると、米国のＧＡＦＡ（グーグル、アマゾン、フェイスブック、アップル）や中国のＢＡＴ（バイドゥ、アリババ、テンセント）をはじめとする巨大データ企業をどのように規制するのかということに注目が集まっています。昨今の経済活動に大きな役割を果たすデータですが、データの自由な流通が自由経済の維持発展に不可欠であることは論を俟ちません。国家の過度なデータ規制は排すべきでしょう。

しかし、データ大国の中国にデータが集積するなか、わが国の知的財産を体現するデータや、国家安全保障上の機密を含むデータは保護しなければなりません。自由貿易体制の旗手たる日本としては、たとえば、言論・表現活動まで制約するような規制は許せませんが、ＴＰＰ・ＲＣＥＰの国際通商ルールとの整合性を確保しつつ、日本の国益に資するグローバルスタンダードをつくることがカギになります。日本には巨大データ企業がないことから、フェアな立場でグローバルスタンダードを語れるという立場は強みにもなり得ます。

安倍総理は２０１９年1月のダボス会議で、「Data Free Flow with TRUST（ＤＦＦＴ）」という概念を打ち出し、議長をつとめた6月のG20大阪サミットでは、慎重な保護のもとに置かれるべきデータと、非個人的で匿名のデータを自由に行き来させるための原則を議論し、「大阪トラック」と名づけるルールづくりの開始を宣言しました。

そもそも「ＴＲＵＳＴ」は多義的で政治的・文化的に伸縮自在ですが、欧米のルールも鵜呑みにしない、日本の実状に沿ったルールを精緻化して、データに関するガバナンスのグローバルスタンダードをつくることは、時宜を得た取り組みといえます。とくに、ＷＴＯの仕組みと連携させることで、ただ言いっ放しにした原則にせず、履行が確保される仕組みを目指すことも大切です。

そのためには、官民連携によってルール構築前に産業界の意見を収集するとともに、先進国と途上国の橋渡しをしながらアジアとしての主張を行うことが肝要です。それにより、日本の存在感が高まっていくと思います。

国際的なルールを主導する際には、自国の国内制度を整備し、双方を整合的なものに整える必要があります。安全保障技術の流出・拡散防止のため対米投資規制を強化した米国のＦＩＲＲＭＡや、輸出規制を強化したＥＣＲＡ、プライバシー保護のための欧州のＧＤＰＲ、内政干渉保護のための豪州の反スパイ法・外国干渉防止法等を参考に、まだまだ議論が十分でない状況を改善し、国内制度を整えていくことは焦眉の急です。この動きをＤＦＦＴと整合させることが、日本による国際ルール主導のエンジンとなることでしょう。

日本のファンを増やして安全保障につなげる

国の安全保障とは、いま述べてきたような防衛、経済の領域に限った話ではありません。日本のファンを国際社会に増やすことも、国の安全保障を高めることにつながります。防衛面での制約や経済力の相対的低下を踏まえると、安全保障と国際的地位確保のためには使えるものは使うという切実な事情もあるのです。ここで私たちは、有効なツールとして「クールジャパン」に注目しました。

2019年7月、アニメスタジオ大手「京都アニメーション」の社屋が放火され、35人が亡くなるという痛ましい事件が起こりました。日本のみならず世界中から悲しみの声が寄せられ、多くの寄付が寄せられています。今回の事件を通じて、改めてアニメ文化が日本の魅力の担い手になっていることがわかりました。

現在政府が進めている「クールジャパン」とは、こうしたアニメ文化など、外国人がクールととらえる日本固有の魅力を経済成長に結びつける「ブランド戦略」ですが、このブランド戦略を意識的に安全保障につなげることができるのではと、私たちは考えました。クールジャパンを通じて日本の援護者になってもらう、もしくは実際に日本での在留者が増えれば、自国民保護の観点から諸外国に日本の安全保障への関心を持ってもらえることになります。

そのためには、まずはクールジャパン戦略自体を成功させる必要があります。たとえば、多くの外国人は、日本の「独り勝ちを望まないバランス感覚」や「自然との共生」、「発想の柔軟性」、「新しいものを取り入れて研ぎ澄ます編集力」といった特徴に惹かれているという調査結果があります。こうした魅力をブランドとして発信できれば、クールジャパン戦略は大きな可能性を秘めていると言えるでしょう。もっといえば、「日本人が良いと思う」ことを発信するという思考ではなく、あえて「外国人が良いと思う」ことを意識する発想が重要になってきます。

海外の日本ファンを集積・活用・維持するメカニズムについて、政府関係者の間でも議論が始まっています。知的財産戦略本部が２０１８年に発表した知的財産戦略ビジョンには、日本のマイナンバー制度にも相当するエストニアのe-Residency（電子国民制度、エストニアに関心のある外国人も登録可）を参考に、日本に愛着や帰属意識を持つ外国人の集積を促すアイディアが紹介されています。これを利用して、マイナンバーに登録した外国人に日本の魅力を自主的に拡散してもらい、その貢献度に応じた優遇措置を提供することも可能です。最終的に永住権を付与するというアイディアもあります。

こうした日本ファンを集積・活用・維持し、さらには訪日や在留してもらうことにより、彼らの母国との安全保障の連携強化にもつなげていきたい。文化を通じた安全保障という考え方ももっと突き詰めていくべきです。来る令和時代には安全保障に総合的に取り組む姿勢が求められているのです。

外国人との共生も日本のファンを増やす試み

かつて郊外の街で目につくことがなかった外国人観光客が、スーツケースを引きながら町を闊歩しています。また、コンビニの店員が全員外国人である光景も当たり前になりました。

日本における留学生や技能実習生を含む外国人労働者数は、労働力不足を補完するために年々増加しており、約146万人（2018年10月末現在）と、ほぼ沖縄県の人口と同じになっています。また、日本に在留している外国人も増加しており約273万人（2018年12月調査）と、これは日本の総人口の約2％で京都府の人口を上回る規模になっており、日本を訪れる外国人旅行者に至っては、年間で3000万人を超えました（3119万人／2018年1～12月）。

2019年度からの5年間で、政府はさらに約34万5000人の外国人労働者を受け入れることを決定しました。期限つきで、将来は母国に帰ることを前提としているため「移民」では

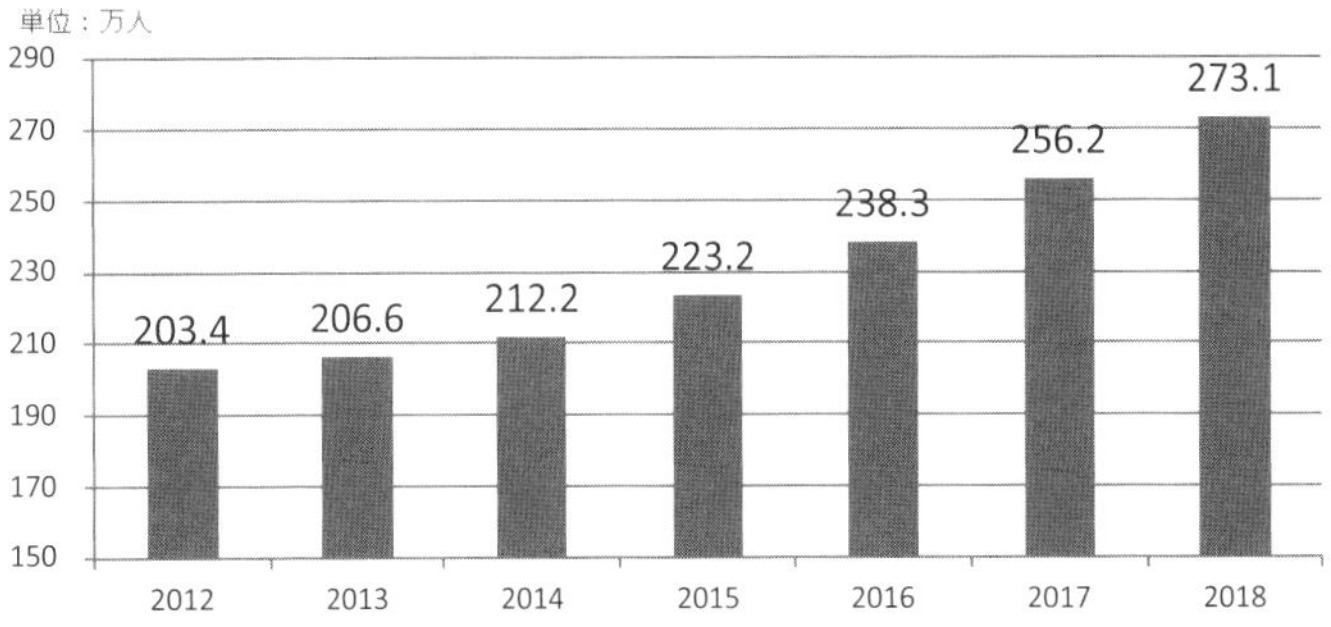

（出所）法務省「在留外国人統計」（旧登録外国人統計）統計表

図8　在留外国人数の推移（総数）

ないとしていますが、今後も日本に在留する外国人の数は増加し、総人口に占める比率は上昇していくものと見込まれます。

このように増え続ける外国人との共生を目指し、また、日本ファンを増やしていかなければいけないのですが、まだ日本人の意識が追いついていない現状があります。

そもそも、日本政府は「移民」の存在を認めていません。「移民」というと私たちは、トルコ人移民に苦慮するドイツといった西欧諸国での移民問題を連想し、漠然とした不安を感じてしまいます。また、「移民」の存在を認めた瞬間に、突然、日本人と相容れない外国人だけの大規模なコミュニティが現れ、文化的摩擦が発生し、ひいては犯罪の巣窟やテロの温床になるのではないかといった不安も想起する恐れすらあります。

実は「移民」には確立した定義がなく、政治的な思惑もあってさまざまな定義が存在します。仮に、国連の移民の定義である「1年以上外国で暮らす人」とした場合、その数は約250万人になり、日本はすでに立派な「移民国家」であると言えそうです。

現実に、外国人が集住している地区もすでにいくつか生じています。たとえば埼玉県川口市の芝園団地では、全2500世帯のうち半数が外国人世帯で、そのうちほとんどが中国人です。私たちは現実に目を背けず、在留外国人にしっかりと向き合っていく必要があるのです。

外国人の受け入れに関してはさまざまな課題が挙げられていますが、まずは外国人に対して日本語や日本文化、生活習慣、防犯・防災対策等を習得する機会を可能なかぎり幅広く提供していくことが重要です。そもそも日本語ができなければ日本人との意思疎通は困難ですし、日本の文化、生活習慣がわからなければ周囲の日本社会に溶け込むことはできません。

現在、各省庁が縦割りを排して、外国人がさまざまな相談ができるワンストップサービスなどの総合対策を打ち出しはじめていますが、まさに始まったばかりです。外国人が日本社会に入り込めないことによるデメリットを考えれば、これらの負担は積極的に負うべきですし、こうした取り組みを加速させるべきでしょう。日本人の側から外国人を積極的に日本社会につなげていく発想が必要なのです。

移民を多く受け入れている英国、ドイツ、フランスでは、移民の中にテロ活動にかかわる者が生まれています。給与や生活面での経済格差も要因ですが、言葉ができ国籍も変更したのに、その国の人として受け入れてもらえないという疎外感があることも一因と言われています。日本でも、外国人というだけで住居を借りられないといった差別があると指摘されています。

日本はすでに移民国家といえる状態にあること、日本の発展には多様性が重要であること、外国人の存在はその多様性のひとつであることを、義務教育の場だけでなく広く国民に伝えていく必要があるでしょう。日本人の側から疎外をつくり出さない試みを始めるべきときに来ています。

実際に外国人に対して共生を働きかける取り組みがあります。前述の芝園団地では、日本人と外国人の住民が交わることもなく共存している状態のところ、防災講習会や文化交流会などを通じて、共存の働きかけを行っている団体があります。共生は簡単に実現するものではありませんが、ＮＰＯなどによるこうした地道な取り組みを行政も資金面などで積極的に支援していくべきです。

このように外国人、日本人の双方に対する対策を進めることにより、外国人の増加を日本社会の発展につなげていく必要があるのです。

コラム●土地売買の規制強化を急げ

人の流入だけでなく、資本の流入も増加するなかで、それに伴う安全保障上の懸念も生じています。日本の自然や文化の魅力、さらには投資先としての魅力を感じて日本の土地・建物を買収する外国企業や外国人が増加しています。いまや投資先は、都心部マンションやリゾートホテル、ゴルフ場といった一般的に想定される物件だけでなく、北海道などの森林、農地、離島といった、一見投資に結びつきそうにない土地も含まれています。対馬では10年以上前、自衛隊の対馬防衛隊本部の周辺地が韓国資本に買収され、リゾート施設が建設されたことが話題になりましたが、最近でも横須賀の米軍基地に隣接した土地を外国資本が購入する事例が出てきています。

日本では土地・建物の所有権が強く保護されており、土地を有してさえいれば独占的に利用できるため、それを悪用されないかという懸念が生じるのです。たとえば、購入した土地に水源があればその資源を独占的に利用することが可能です。また、仮に他国との間で有事が発生した場合、重要な防衛関係施設の横に外国人が所有する建物があれば、そこから常時人の出入りや施設内を監視したり、あるいは、離島にある外国人所有の敷地内からいきなりさまざまな妨害活動を行ってみたり、といったことも考えられます。中国のように有事には海外の中国人も動員するような国防動員法を有している国もあり、外国企業・人による土地の所有が日本の安全保障に影響を及ぼすのではとの懸念も杞憂とは言い切れません。

諸外国では安全保障に支障を及ぼす地域について、外国資本は購入できないようにするなど、国籍に基づく売買規制をしている国もありますが、日本は「GATS（サービスの貿易に関する一般協定）」に加入する際に留保をしなかったため国籍を理由とする売買規制を設定することは非常に困難となっています。国籍による規制をしない国でも、代わりに土地の所有状況を明確化、透明化することで知らない間に外国人に土地が買い占められる事態を防いだり、一定の地域に利用や開発の規制を設けたりしています。

このような現状を考えると、日本でも最低限の規制を加える必要があるでしょう。国境離島、重要港湾・空港、防衛施設周辺、重要水源区域といった安全保障上守るべき最重要地域を規定して、所有権を優先的に明確化・透明化するため行政に行政調査権を与え、所有者不明の場合には所要の手続きにより国有化を可能とすべきです。また、これらの最重要地域については、国籍を問わず売買については、事前届出・許可等の規制を行うことも必要です。

日本経済の発展に外国資本による投資は重要な役割を果たしますが、これらの投資により、日本の安全保障が脅かされることがないよう、必要最低限の措置が求められます。

3 安全保障としてのエネルギー問題

先進国の中で最も低い食料自給率、自然災害やパンデミック……これまで述べてきた防衛や外交以外にも日本はさまざまな安全保障上の課題に対峙する必要があります。そのなかで私たちがもう一つ重視したのはエネルギー資源です。エネルギーは経済活動の血液でもあり、また、エネルギーがなければ防衛装備を稼働させることができず、安全保障の土台と言えます。

新領域の防衛はすべて最新のコンピュータ技術で運用されており、当然、安定的な電源供給が不可欠にもかかわらず、エネルギー資源のほとんどを日本は輸入に頼っています。加えて、近年は地政学上不安定なインド洋、東シナ海、南シナ海等の海上輸送路の維持が危ぶまれています。天然資源の乏しい日本がいかにエネルギーを安定的に確保するか、このことこそが安全保障の基盤であると考えました。

資源を持たない国が生き残るために

日本の「エネルギー自給率」について、ご存じでしょうか？　エネルギー自給率とは私たちの生活や経済活動に必要な一次エネルギーのうち、自国内で確保できる比率です。２０１７年度の日本のエネルギー自給率は９・６％にすぎません。化石燃料（石油・石炭・ガス）への依存度も88％と高く、それらの化石燃料のほぼ99％が海外に依存しています。いまの日本は、海外からのエネルギー調達が止まってしまうと、日常生活が立ち行かなくなるだけでなく、最新鋭と言われる自衛隊の装備すら鉄くずと化してしまいます。

現在、中東への依存度が高い石油の構成比は減少傾向にあり、アジアやオセアニアなど多様な国々から調達している石炭やＬＮＧ（液化天然ガス）の構成比が増加しています。これにより、少しずつですが中東依存のリスクは小さくなってきています。しかし、将来にわたり安価で安定的なエネルギー資源を確保するためには、エネルギー自給率をいかに向上させるかを考えなくてはなりません。そのために中長期的には、化石燃料に頼らない再生可能エネルギーの利用拡大が必要だと思います。

しかしながら、これから5年くらいの期間で考えた場合、再生可能エネルギーだけでは劇的にエネルギー自給率を向上させることは不可能です。資源エネルギー庁は「第5次エネルギー基本計画」を平成30年7月3日に閣議決定しており、その中で２０３０年度の再生可能エネルギーによる一次エネルギー供給構成比は13～14％の見通しです。しかも、その発電コストは国際水準と比較して高く、それ単体での主力電源化に向けてはまだ解決すべき課題が多く残っています。イノベーションにより導入目標値を早期に達成することを期待したいのですが、現在の低いエネルギー自給率を考慮すると、時間的余裕がないのは明白です。

そこで、私たちは議論を重ね、国内にある準国産といえる原子力エネルギーの再活用を急ぐ必要があるという結論にたどり着きました。

震災前は約15％近くの自給率を担っていた原子力です。他の選択肢がなかなか見つけられないなかで、原子力の再活用について簡単に諦めるわけにはいきませんでした。なぜなら、日本人が原子力をきちんと理解していないことで、漠然とした不安が払しょくされていないことに気がついたからです。原子力発電所の再稼動については、いろいろと議論はありますが、将来の日本人の生活を考えると、感情的にならず冷静に「自分ごと」として、この問題を考えなくてはなりません。

原子力エネルギー見直しという現実主義を

現在、日本国内には60基の原子力発電所があります。２０１９年7月に福島第2原子力発電所4基の廃炉が正式に福島県に通知され、それを含め廃炉が決まっている24基を除くと36基になります（図9）。そのうち稼働しているのは9基で、エネルギー自給率の1〜2％を占める

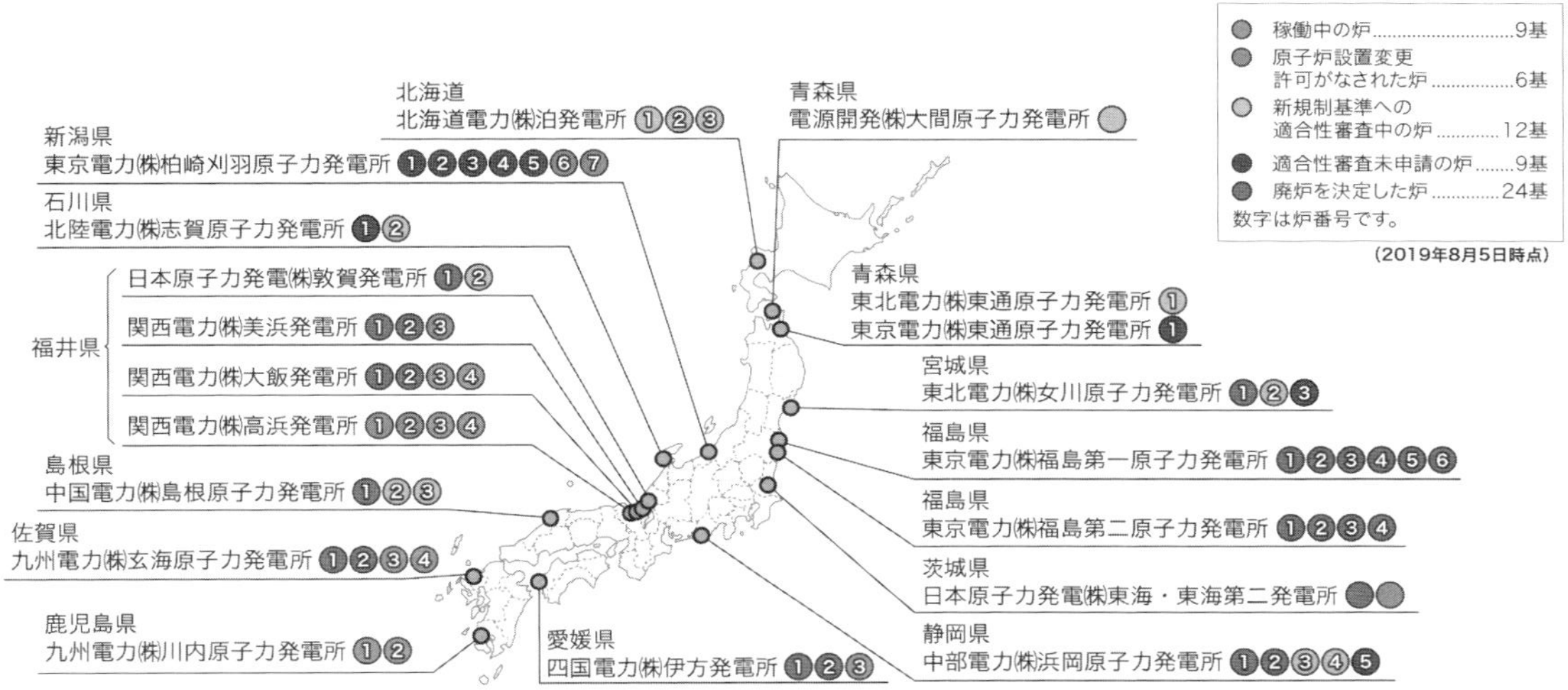

（出所）経済産業省・資源エネルギー庁『日本のエネルギー2018』「エネルギーの今を知る10の質問」より抜粋

図9　日本の原子力発電所稼働状況

のみです。

２０３０年までに運転開始となる新設炉の計画も、現在は完全に暗礁に乗り上げています。原子力発電所は停止中であっても、その維持費用は固定費部分だけで年間約３兆円弱かかり、代替で発電を賄っている火力発電所の焚きましによる追加燃料費が毎年約１兆円近くかかっているという事実もあります。既存の原子力発電所の安全対策コストは約５兆円とも言われていますが、停止中のランニングコストを考えれば、稼働させながらコスト吸収し、日本の原子力発電にかかわる安全技術力を向上させることも選択肢の一つです。

技術面では、原子力発電にかかわるサプライチェーンの劣化により、これまで蓄積された原子力関連技術や技術者の流出というデメリットもあります。また、原子力技術者も他の産業と同様、高齢化による技術継承が課題です。これから技術者を育成するにも、停止状態が続き、新規建設が中断しているため、技術の継承も困難な状況が続いています。そして、原子力技術特有のメンテナンスパーツを生産する企業の存続も重要です。日本は東日本大震災以降、原子力発電にかかわる人材と企業は減少している一方、中国とロシアでは国の傘下の企業が開発を強力に推進しています。このままでは日本は、数十年後には中国とロシアなどの海外に技術や人材を依存せざるを得ないことが想定され、安全保障上のリスクが懸念されます。

「第5次エネルギー基本計画」では、2030年のエネルギー自給率の目標は24％です。原子力発電により10〜11％程度の供給を想定し、再生可能エネルギーと合わせて自給率の向上を目指しています。しかし、いまのままでは達成するのは難しいでしょう。私たちはもっと現実を直視し、まず足元のエネルギー自給率を向上させるため、再稼働と併せて新炉を建設すべきです。これにより、原子力発電にかかわる人材と企業の継続的な育成ができます。

さらに、原子力発電所を再稼動させるには、福島で発生した事故が二度と起きないのかという不安や、その存在自体を悪とみなすような国民感情を乗り越える必要があります。

そのためには、次のことが重要です。

- 客観的なデータやファクトを行政や電力会社がしっかりと伝える。
- 事実やデータに耳を傾け、一人ひとりが「自分ごと」として考える。

さまざまなメディアを通じて、原子力発電に関する情報が伝えられていますが、継続的に客観性をもった原子力発電に関するコストなどのデータや事実は、残念ながら示されているとは思えません。重要なことは、こうした情報をしっかりと伝え、それを国民が受け取り、自分ごととして考えることなのです。

参考となる事例として、松江市で実施された「自分ごと化会議in松江」があります。行政でも自治体でもない住民グループが主催し、有権者名簿から無作為に抽出された松江市民が、原子力発電所の再稼動やその賛否ではなく、自分の生活とエネルギーのことを考えながら議論するというものです。このように、40年後、50年後の自分たちの暮らしを想像しながら、日本のエネルギー安全保障を「自分ごと化」し、原子力発電所の再稼動について議論することが大切です。

また、原子力発電所の再稼動に対する不安をなくすためには、安全性の更なる向上やいざという場合の危機対応力の向上も求められます。フランスでは福島第一原子力発電所の事故を教訓として、原子力事故即応部隊を設置しました。この部隊は、事故発生後12時間以内に現場に到着し、24時間以内に活動を開始します。電力会社のみに責任を持たせず、国として事故が発生した際に対応できる体制を用意することが、国民の不安を和らげる一助になるはずです。さらに小型モジュール炉などの新技術を導入することにより、安全性も向上します。

忘れてはならない再生可能エネルギー

中長期的なエネルギー政策で重要になってくるのが、再生可能エネルギーの利用拡大です。ここでは、再生可能エネルギーの技術イノベーションと、電力の需給調整が重要です。需給調整可能な技術として代表的なものはリチウムイオン等の蓄電池ですが、その原料となるレアアース・レアメタルは特定の国や地域に偏在しており大きなリスクです。ここで将来期待される技術に水素技術があります。再生可能エネルギーなどで余剰となった電力を水素に変換することにより、長期間の貯蔵や輸送が可能となります。これまで送電線で供給していた電力を補完する新たなエネルギーサプライチェーンとなり、日本にとって将来有用な技術といえるでしょう。現状ではコストが課題ですが、今後の再生可能エネルギーの拡大にともないコストダウンが進み、普及が期待されます。

日本は水素技術をはじめとする再生可能エネルギーの技術の保有国ですが、中国やインドがさらなるエネルギー消費大国になり、再生可能エネルギーのコア技術を握る可能性もあります。現在は、化石燃料を有している国の動向が安全保障に影響を与えます。将来、再生可能エネルギー中心の世界においては、そのコア技術の有無が安全保障に直結するでしょう。だからこそ、日本の技術自給率の向上が重要になります。

日本の将来のエネルギー安全保障を自分ごととして考えると、短期的には原子力発電の再稼動、中長期的には再生可能エネルギーにかかわる技術開発の推進こそが、いま私たちがなすべき選択だと考えます。

安全保障をもっと自分ごとに

ビジネスシーンでは、あまり議論することのなかった外交や防衛といった安全保障について、今回私たちは多くの方々にお話を伺う機会を得て、時には国防の最前線にまで赴き、目で見て、耳で聞いて、書籍を読んで議論を重ねてきました。いまでは関連したトピックスが目に入ると、その意味や今後の対応について考えるようになりました。この1年間は、北朝鮮のミサイル問題、米中覇権争い、米朝首脳会談、日韓関係の悪化など安全保障に係わるニュースが数多く報じられ、自分のこととして考えるには良いタイミングだったと思います。

一方で、この分野に対しての意識の低さと無知さを思い知った1年でもありました。活動を重ねるにつれ、「平和ボケ」でいられる時間には限りがあると肌で感じ、平和・自由・民主主義を守らなければならないという責任感が生まれてきました。

安全保障は、日本人にとって自分ごと化するのが難しい領域だと思います。本章で、私たちがいかに日本の現状に危機感を持つようになったのか、それを共感を持って感じてもらえれば幸いです。

第4章

令和の日本人は「自分ごと化」から

1 必要なのは「オーナーシップ」

平たく言えば「当事者意識」

いまの日本人が直面している課題に真摯に向き合い、解決の道を歩む——これを実現するには、私たち自身にまだ何か足りないものがあるのではないか。そんな問題設定を行いました。令和時代の日本人に求められるものは何かという問いからスタートし、例によって議論を重ね、汗を流した結果——フォーラム21の塾是の第一は「流汗悟道」です！——「オーナーシップ」こそがもっとも重要という結論に至りました。

「オーナーシップ」とはあまり聞き慣れない言葉ですが、すでにビジネス用語になりつつあるようです。似たような言葉に「リーダーシップ」がありますが、少し違います。オーナーシップとは、ものの本に寄れば「個人が目の前に存在している課題やミッションに対して〝当事者意識〟を持って向き合う姿勢のこと」で、まさしく「オーナー」とは「所有者（owner）」を意味しています。即ち、自分の属する社会や会社の問題を自分ごととして考えられる姿勢であり、日本という国家の抱える諸問題――たとえば、社会保障や経済、安全保障・外交といった問題を自分ごととしてとらえられる姿勢が「オーナーシップ」なのです。

本書ではずっと「自分ごと」というキーワードを語ってきましたが、もう少し深く、日本の問題を自分だけでなくあなたの子どもが直面している問題、あなたの大切な人に降りかかろうとしているやっかいな課題としてとらえる、深い認識のあり方を指していると考えていただければと思います。

現実問題として、いまの日本社会でオーナーシップを持つ人材は少ないと考えています。海外では、道行く若者でも自国が直面している政治問題を語り、自国の文化や歴史について意見を述べることができます。しかしながら日本では、若者はおろか教育ある大人でもなかなかそれができていません。

申し訳ありません。それこそ他人ごとのように語る話ではありませんでした。まさに「粘土層」と言われる私たちの弱点がここにありました。

フォーラム21という異業種交流研修にたまたま居合わせた、私たち40代半ばの中間管理職集団は、この活動を通じて、たくさんの経営者、ＮＰＯ法人の代表、起業家、政治家たちにお会いし、彼ら・彼女らの熱い思いに接して、まずは私たち自身が変わる必要があると、目を開かされました。当たり前のように教育を受け、企業や官庁に勤め、ある意味うまく生きてきたような気になっていましたが、本当は当事者意識が薄く、オーナーシップが決定的に欠けていたのです。

令和の時代は「ＶＵＣＡ」――Volatility（変動性・不安定さ）、Uncertainty（不確実性・不確定さ）、Complexity（複合性・複雑さ）、Ambiguity（曖昧性・不明確さ）――の時代と言われます。この時代に活躍できるのは、既成概念を壊すことができ、新たな価値を創造できる人です。私たち自身がその資質に欠けていることに気づき、その反省からオーナーシップ人材への道を模索し始めたのです。

個々の原体験がオーナーシップの源泉となる

どうしたらオーナーシップ人材になれるのでしょうか？

オーナーシップ人材とは、自分の心の中に「エンジン（着火装置）」が備わっている人だろうと考えました。「エンジン」とは、あえて言うならば「原体験」のことで、たとえば子どものころに大病してそれがきっかけで医者を志した、先の大戦を終えて亡国の危機にあった日本を立て直すべく猛烈に働き、会社を興したなどと、圧倒的な原体験が自身を見つめ直させる契機となり、自分が何をやるべきか・やりたいのかを熟考させ行動に移させる「エンジン」になっているのです。

こうした原体験が得られると、「他人」のことを理解できるようになると言います。他人の考えとピタっと合った瞬間、大きなムーブメントが生まれたなどということも聞きます。他者との深いコミュニケーションが社会的な活動に結びつくケースです。「そのとき山が動いた」などと小説などに描かれています。オーナーシップ人材は孤高の存在などではなく、人とつながる能力に長けた存在で、人とつながり、周囲も刺激しながら、社会において重要な、でもリスクをともなう行動に果敢にチャレンジしていきます。私たちがお会いした企業経営者、NPO経営者、起業家、政治家……皆さんそういう方々たちでした。

「圧倒的な原体験と言うけれど、誰にでも簡単に得られる体験ではないだろう」というもっともな意見が聞こえてきそうです。たしかに、好んで大病を患うなどあり得ませんし、戦後の生活苦を体験しろなどとは土台無理な話です。

しかし、原体験はたとえば、海外留学経験という場合もあるでしょう。留学に出たら、授業やグループディスカッションでまったく発言ができない、しかし隣には、何をやってもスマートな他国の留学生に圧倒される……などと、毎日悩み、「自分には何ができるのか」「何がしたいのか」と根底から突き詰めさせられる、そんな経験です。オーナーシップを持つために必要なのは、この「自分自身を見つめる力」なのです。

私たち自身、フォーラム21での1年間の活動を通じて、圧倒的な原体験とまでは言えないにしても、それに勝るとも劣らないさまざまな体験がオーナーシップへとつながることを実感しました。その経験を語ることで、皆さんに当事者意識を持ってもらい、新しい日本をともにつくるきっかけができるのではないかと考えています。

日本を自分ごと化する

そもそもオーナーシップ人材とそうでない人間との違いは何でしょうか。図1の上段に表されているように、通常人は皆、自分に関係のあることについては「自分ごと」としてとらえ、「当事者意識」をもって取り組みますが、その範囲を超えたことに関してはどうしても「他人ごと」としてとらえがちです。

そんななか、たとえば、自分の親が倒れたなどと、何らかの転機が訪れると、それにともない、介護などの関連する事項が当事者意識の範囲に入ってきて、「自分ごと」としてとらえるようになります。一方、下段で示しているように、オーナーシップ人材はこの当事者意識の範囲が自分の周辺にとどまらず、広域にわたっています。

言い換えれば、オーナーシップ人材では「自分ごと」と「他人ごと」を隔てていた境界がな

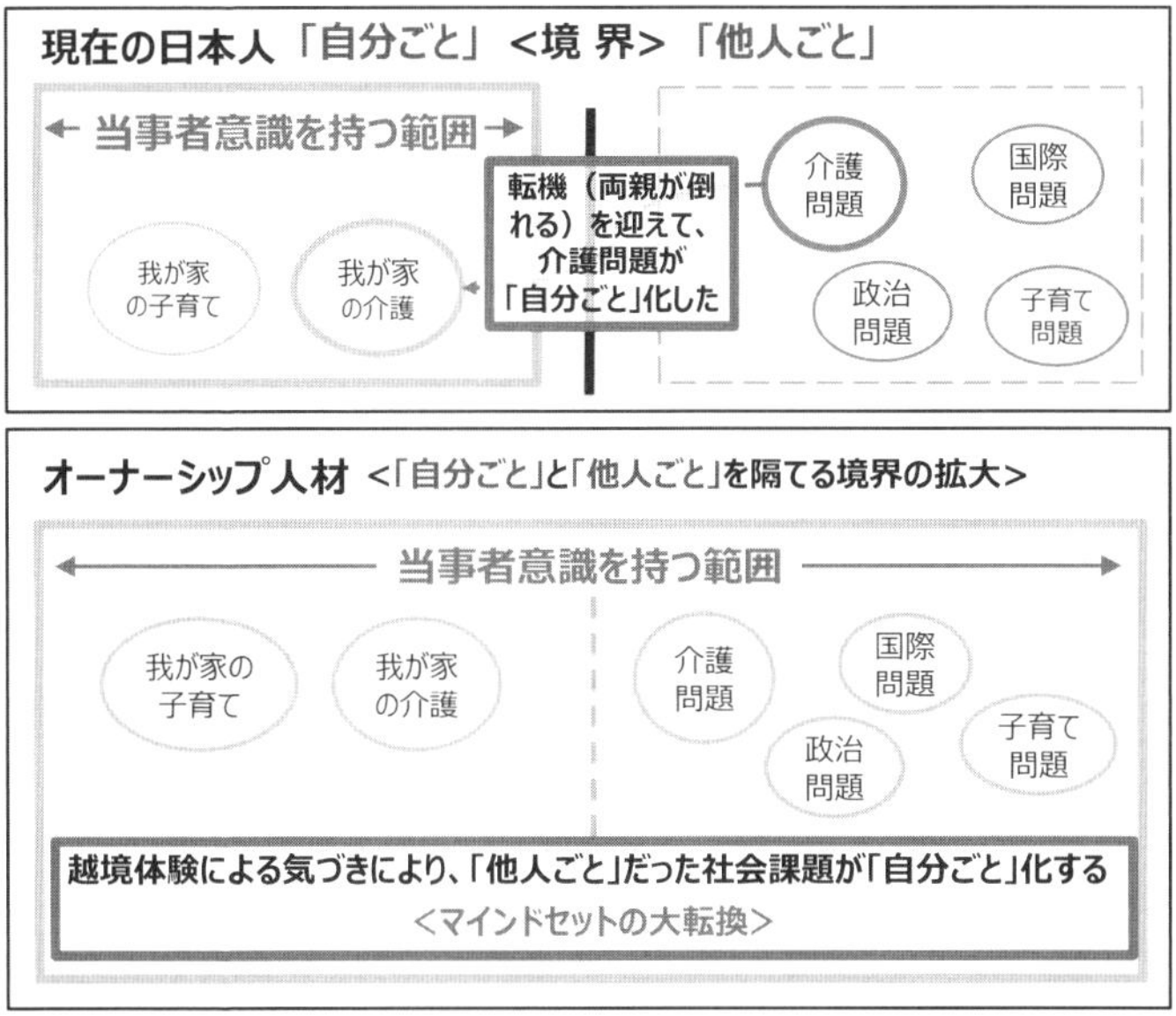

図1　日本人のマインドセットを変える

くなり、当事者意識を持つ範囲が社会全般にまで広がり、「日本を自分ごと化」しています。このような人材が豊富な社会になれば、さまざまな社会課題や未来の日本のあるべき姿へ向けた活動などに当事者意識をもって取り組み、熱意をもってやりきることができます。では、どのようにすれば、日本に対して傍観者であった人が、日本を自分ごととしてとらえるようになるのでしょうか？

気持ちはあるが行動はできない？

そもそも、日本人は日本のことを考えないのでしょうか？　内閣府が実施

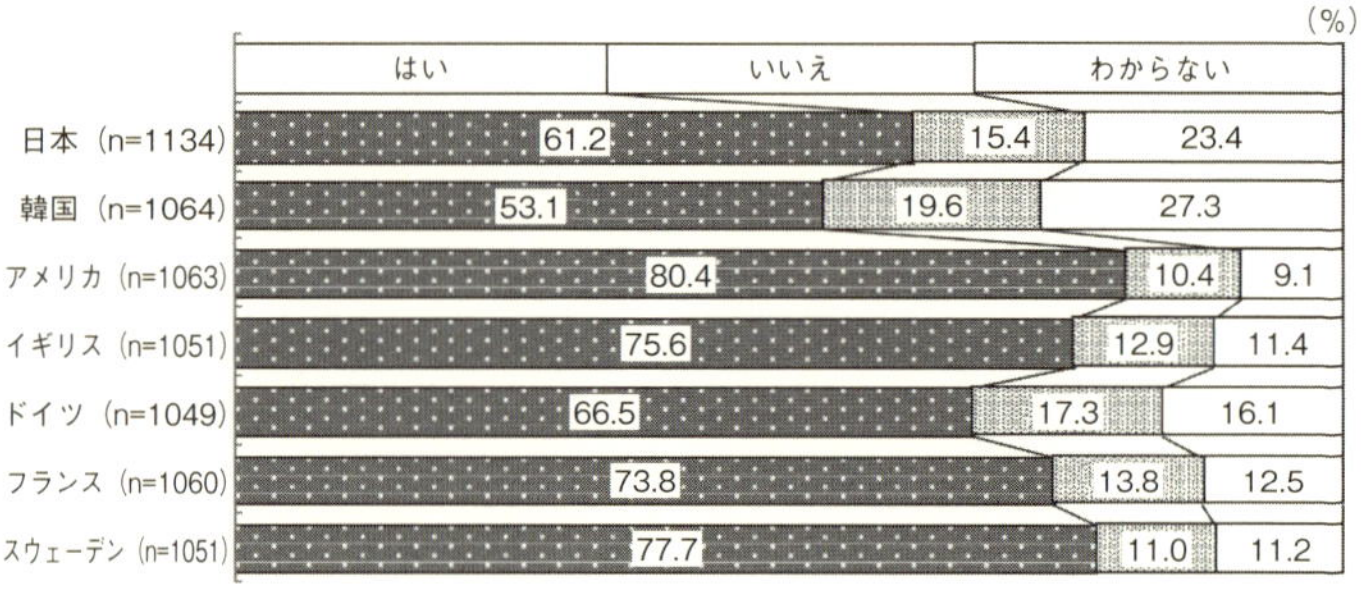

（出所）内閣府「我が国と諸外国の若者の意識に関する調査（平成30年度）」

図2　自国人であることに誇りを持っているか？

した「我が国と諸外国の若者の意識に関する調査（平成30年度）」によれば、調査対象である13歳から29歳の若者の意識が見えてきます。「自国人であることに誇りを持っている」「自国のために役立つと思うようなことをしたい」と回答した日本人の割合は、それぞれ、61・2％、47・8％。前回調査（平成25年度）より低くなっていますが、諸外国のデータにくらべて大きな差はないととらえることができます。

一方、「社会をよりよくするため、私は社会における問題の解決に関与したい」「将来の国や地域の担い手として積極的に政策決定に参加したい」といった質問に肯定的に回答した割合は、日本が最も低く、諸外国の半分程度です。また、「うまくいくかわからないことにも意欲的に取り組むか？」という別の質問に対する回答でも、「そう思う」と考える割合は最低レベルです。

こうした調査データから、日本人であることの誇りや日

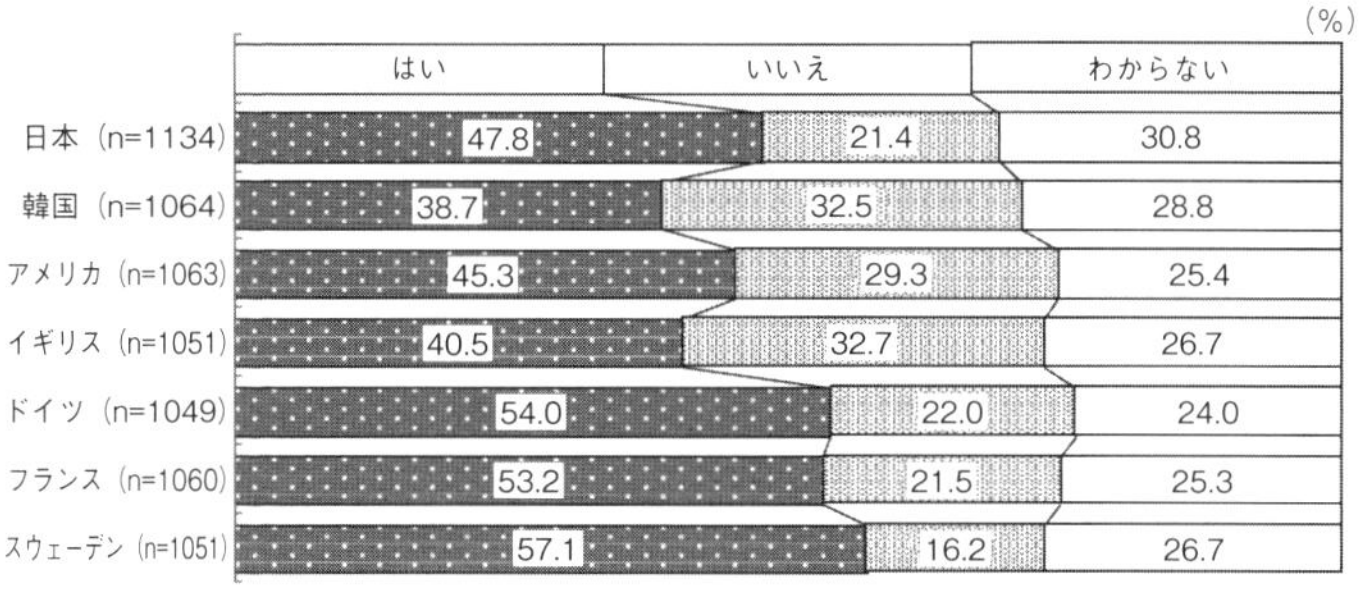

（出所）内閣府「我が国と諸外国の若者の意識に関する調査（平成30年度）」

図3　自国のために役立つと思うようなことをしたいか？

本のことを思う気持ちはありながら、それは、ふわふわした何となく思う「気持ち」でしかなく、日本人のアイデンティティやルーツに根ざし、行動を伴った「実行力」にはつながっていないという日本人像が浮かび上がってきました。

つまり、気持ちと実行や行動につながるゾーンとの間に大きな壁があるようです。「気持ちはあるけど行動できない、それがいまの日本人の姿」と聞くと耳が痛いですが、皆さんも思い当たる節があるのではないでしょうか。平成の停滞もこの辺りに本質的な原因があったのかもしれません。気持ちと行動の間の「壁」を超えることこそが、オーナーシップ人材をつくる重要なポイントとなってきます。

こころのあり方を変えてみよう

この問題を解決するカギは、異質なモノと越えて交わり

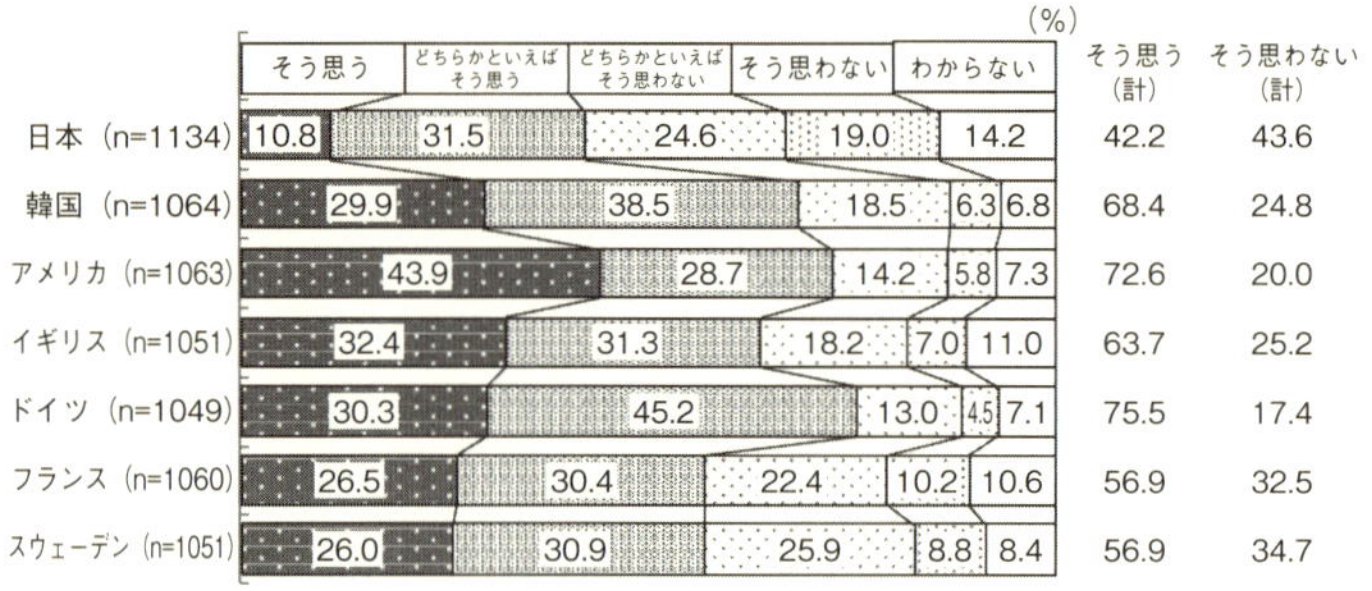

（出所）内閣府「我が国と諸外国の若者の意識に関する調査（平成30年度）」

図4　社会をよりよくするため、
私は社会における問題の解決に関与したいか？

（越境）つながる体験にあると私たちは考えています。フォーラム21では、自分とは異なる経験をしてきたメンバーと本気で交わる体験をすることができました。互いの問題意識をぶつけ合いながら、現場に足を運び、見て聞いて腹落ちするレベルまで議論しました。

1年間のこうした経験があって、「自分ごと化」して「つながる」ことの大切さに気づくことができた気がしています。職場や家庭などの自分の生活圏を越え出て、自分にないものを持つ人との交わりが私たちを変えてくれました。

自らの「ホーム（＝コンフォートゾーン）」にいる限り、人は自分自身の殻を破れません。「アウェイ（＝新たなコミュニティ）」に踏み出し、異なる価値観のメンバーとかかわってつながり（多様性）、さまざまな課題を自分の課題として取り組むことで（実行力）、自分の強みを再発見し（自己認識力）、新たな自分といつでも

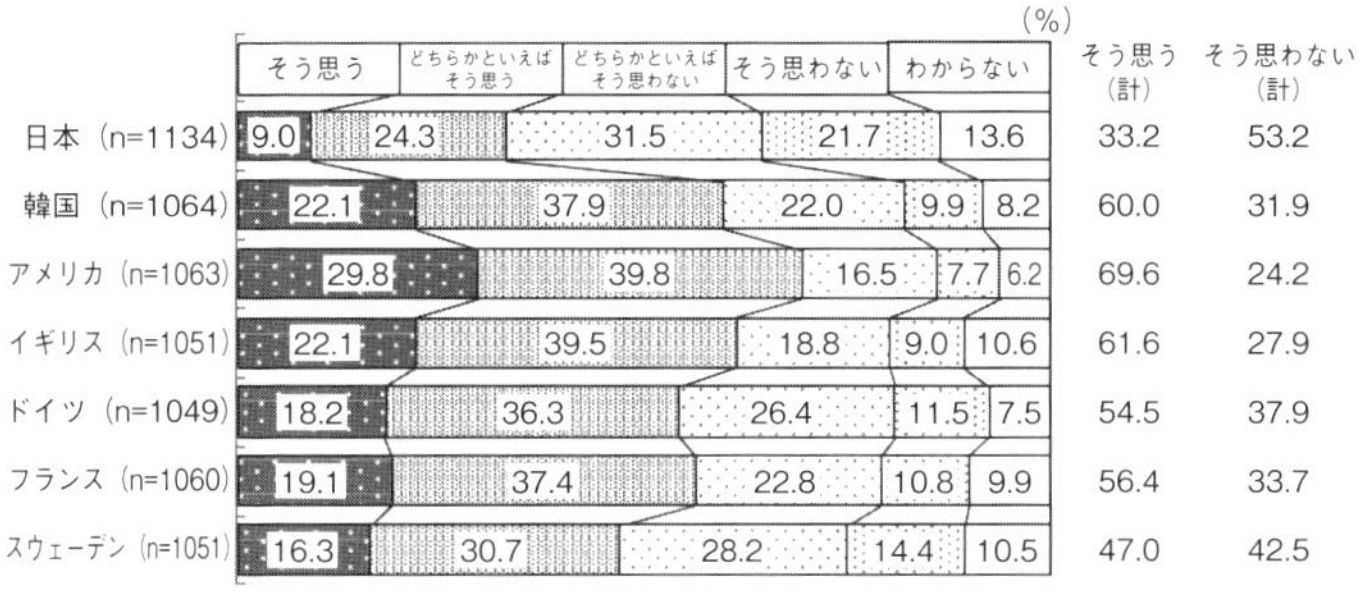

（出所）内閣府「我が国と諸外国の若者の意識に関する調査（平成30年度）」

図5　将来の国や地域の担い手として積極的に政策決定に参加したいか？

つながるネットワークを手に入れ（創造力）、活躍の和を広げることができると考えます。

さらに、そのような活動を社会貢献に活かすことで、利他の精神を養い（公共心）、豊かな社会を築いていくことができるのです。

これら5つの素養――多様性・実行力・自己認識力・創造力・公共心――が磨かれ向上することで、他人ごとであった課題が自分ごと化する「マインドセットの転換」が起き、オーナーシップ人材がつくられます。

マインドセットの転換といっても、何も特別なことではありません。日々、ほんの少しだけ意識すれば、きっかけはたくさんあります。たとえば、ちょっとした冒険心で気になっていた何かを始めることなどです。私たち自身、こうした機会をより多く増やしていきたいと考えます。

2 プラス「和魂」で乗り越える

プラス「和魂」とは

オーナーシップ人材を育てていくには、異質なモノを越えて交わりつながる体験が必要です。自分の頭で目一杯考え、知恵を絞り、勇気をもって体験して得られた経験や発見が、多様性、実行力、自己認識力、創造力、公共心をもたらしてくれます。

これらの力は、トップアスリートなどがよく言う「心技体」のうち、技や体に相当するもので、次ページの二次元マトリックスの横軸にあたります。壁を越えるには、もうひとつの心の部分が必要です。いわゆる芯や根っこの部分です。オーナーシップ人材は、さまざまな世界に存在しえますが、オーナーシップ人材には、自分が何者なのかという自覚が根底にあります。これまで育ち経験してきた環境や文化に規定される自己認識やルーツに対する自覚です。ルーツが自覚できる魂が宿ってこそ、社会課題を自分ごと化して自らの能力を十分に発揮することになります。

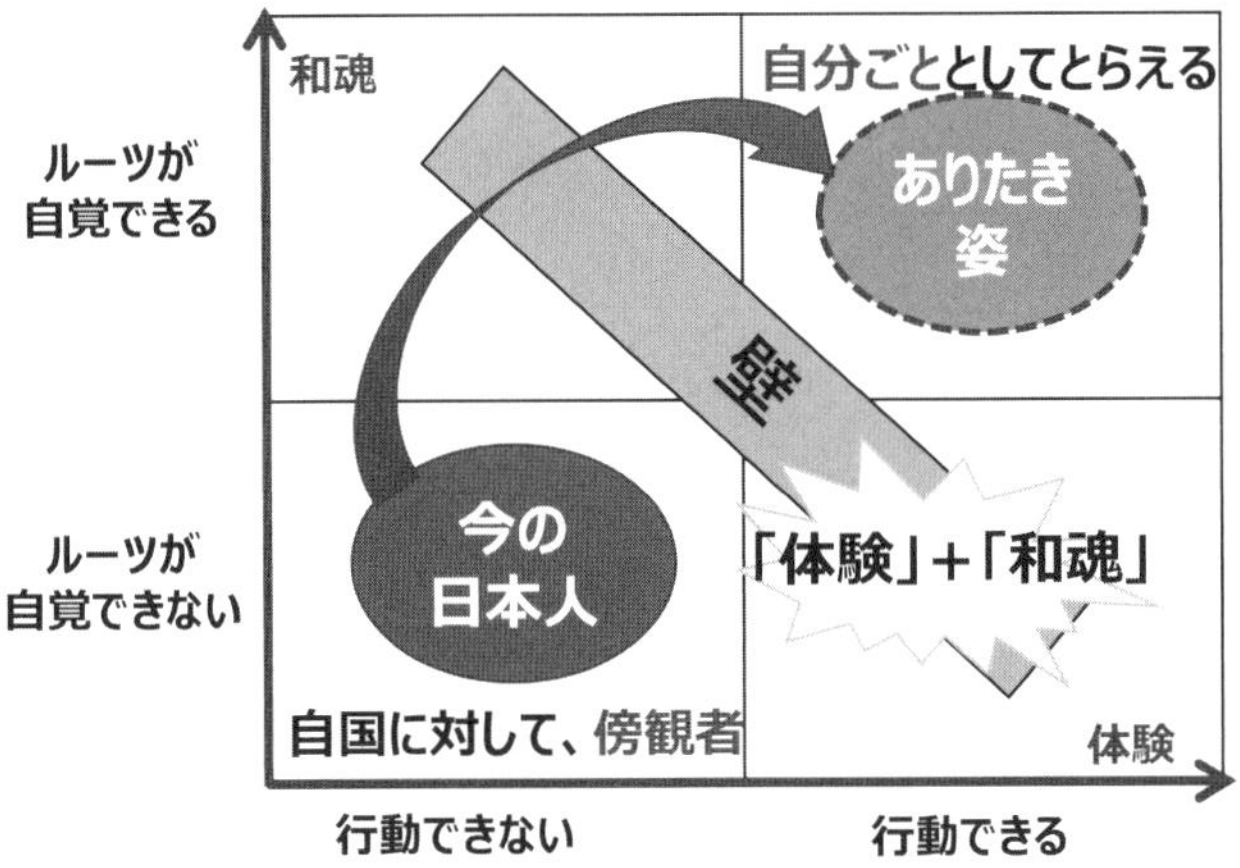

図6　いまの日本人とありたき姿

自分たちの根底にあるもの――これを考えたときに、私たちには先達から受け継いできた日本人の心＝「和魂」があります。では、その「和魂」なるものの中身は何でしょうか。

日本人の心のベースとなっている四季ある日本の風土、悠久の歴史に育まれた日本人特有の精神性と行動様式は、諸外国の文化に見られない日本特有の強みになっています。和をもって貴しと為す和の精神。他者への感謝、礼儀、献身、共助・互助といった利他の精神。自然との調和の中から生まれる知恵。日常的な営みにまで美や崇高さを感じ取る洗練された精神性。こうした日本人ならではの心の持ちようが「和魂」です。

いま世界は、格差が拡大し、ヘイトスピーチを引き金とした社会の分断、ポピュリズムの跋扈、自己利益を最優先する保護主義の台頭など、さまざまな課題に溢れています。これに対して、日本人が大切にしてきた「和魂」は、江戸時代から近江商人が大切にしてきた経営哲学である「三方よし」（売り手よし、買い手よし、世間よし）にも見られるように、社会の利益や価値の総和を持続的に高めていこうとする精神であり、今日のＳＤＧｓの理念とも共通するものだと言えます。

オーナーシップに加えて、プラス「和魂」を持つ人材、すなわち「日本型オーナーシップ人材」を日本中で育てていく必要があります。この人材が社会の各方面でさまざまつながりを生むことで、令和時代の日本をより良く、より豊かに、日本の価値の総和が高まり続ける社会に変えていけると考えています。今後、世界がＳＤＧｓを共通の目標とするなかで、日本は大きなアドバンテージを有しているのではないでしょうか。

「和魂」を呼び覚ませ！

日本人に宿る「和魂」を呼びさますには、身近な日本文化を体験することが必要です。日本文化を自ら体験をすることで、先達から脈々と受け継いできた精神性を垣間見ることができます。また、型や所作に表れる行動様式を自らまねることで、その根底にある自然との調和や他者（客人）への敬意、奉仕の精神など、日本人の心のありようを知ることができます。

と言っても、茶道や華道、文楽や日本舞踊、あるいは和装など、日本の伝統に親しむのは、少々ハードルが高いと感じる人も多いでしょう。最初は「俄か体験」から入っていけばいいと思います。入口は簡単に、気軽に体験するところからはじめ、日本の良さを少しずつ感じ、徐々に飛び越えるハードルを上げていくようにするのです。たとえば、次のような仕掛けで、日本を学ぶ機会を増やすことが可能だと考えます。

①1％ｆｏｒ和魂

公共建物の建設費の1％を日本的な空間を設置する費用に支出することを法制化。茶室・道場・坐禅堂など、「日本文化」を体験する場をつくる。

②神社・仏閣の「地域のサードプレイス」化

神社・仏閣を和魂を醸成する「地域のサードプレイス（第3の居場所）」とする。一般開放し活用することを条件に修復費用を助成。

③「地域プロフェッショナル」の掘り起こし

地域社会に潜在している「教えたい（先生）」と「学びたい（生徒）」をリアルに繋ぐシェアリングサービスを活用。日本文化のスキルシェアを広め、新しい一歩の体験機会を増やす。

④「和魂フライデー」

毎月最終金曜日は、プレミアム・フライデー改め「和魂フライデー」とする。茶室の一般開放、和装で出社、日本酒を飲むなど日本文化を楽しむ日に。

⑤日本文化納税

応援したい文化にふるさと納税し、返礼として、応援した文化の教室、道具などの本物体験を。

プラス「和魂」で日本型オーナーシップを

ふとした日本文化体験をきっかけに、他者にも思いを広げ地域や社会を考えること、地域や社会の歴史や文化に思いを馳せることにつながっていきます。自分自身を育ててくれた環境や歴史を理解し感謝する気持ちが生まれ、「祖国愛」ともいうべき内発的な愛情を自覚していくでしょう。

この愛情は、次世代の幸せをも自分のこととして考え、行動することにつながります。最初の俄か体験が、いずれ確固とした「和魂」へと昇華され、かつて他人ごとでしかなかったエリアが自分ごととして広がっていきます。いずれ日本自体を自分ごと化する道へと歩み出し、プラス「和魂」で「日本型オーナーシップ人材」がつくられていくのです。

そんなに簡単に事が運ぶかと疑問に思う方もいると思います。

実のところ私たちもまだまだ甘く、半人前ではありますが、こうした過程を歩んできました。当初は自分の経験や価値観に固執して、あれは嫌だそれはムダだと結論づけるか、もしくは違和感を感じながらも衝突を避けて妥協する典型的な粘土層の姿がありました。

しかしフォーラム21でのさまざまな体験、まさに原体験が、私たちを変えていきました。茶の湯、坐禅、文楽等の日本文化を体験し、実際に見て、その所作をやってみることで、日本人が古くから大切にしてきた心を知り、私たちのルーツに思いを馳せました。また、たとえば若い社会起業家との出会いでは、粘土層の弱点を指摘され衝撃を受けました。コンフォートゾーンから一歩も出ることのなかった私たちの現状に驚き、さまざまな課題を「自分ごと化」するきっかけを得て、その解決のためには「つながる」ことが大切だと考えるようになりました。

これからは日本型オーナーシップ人材を増やし、彼らとつながることで、日本の豊かさや活力を増やしていくことを目指したいと思います。

次節にこうした人材を育成するための私たちの提言を記します。その中には、必ずしもいまの私たちでは実現が難しいものもありますが、具体化できるそのときまで問題意識を持ち続けていきます。私たちの提言は、皆さんに「自分ごと化」され、多くの人たちとつながりながら深まっていくものだと考えています。

3 子どもをオーナーシップ人材に育てる

子ども時代の経験値を拡大しよう

幼少期の教育は当然ながら重要な位置づけになってきます。日本型オーナーシップ人材の育成のためにこの時期から取り組ませるべき課題は歴史と道徳と先に挙げた「多様性」「実行力」「自己認識力」「創造力」「公共心」であると整理をしました。

まず、歴史、道徳については、文部科学省や小・中学校の教育現場を訪問しましたが、きちんとした施策が用意されているように思いました。2018年から新しい道徳教育が導入され、2022年からは「歴史総合」と大幅に見直しをかけた新科目も加わり一新されるとのことです。

問題は残る5つの素養です。学校教育でこれらを身につけることができるだろうか。そう考えたとき、日本の学校が「閉鎖的で隔離された空間」であることに気づかされます。学校は教師と生徒だけで集まり、物理的にもひとつの校舎内で完結しています。教師が外界を「自分ごと化」し「つなげる」ことができるかというと、たいていの場合、教師は大学を卒業してすぐに学校に入り、担当教科のスキルは持っていても、さまざまな人生経験や人との出会いは限定的です。広く世の中を語り、生徒の指導までを担うとなると難しいと考えるべきでしょう。

最近は、こうした学校の閉鎖性が問題にされ、「教師に夏休みを使って企業インターンシップを経験させよう」とか、「研修プログラムを改定しよう」という案も挙がっているようですが、部活指導や学校行事に忙殺されるうえに、ＩＴ化をはじめ時代に合わせた授業内容の深化など、もうすでに一杯いっぱいの先生にさらに何かを要求するのは現実的でないように思います。それよりも、子どもたちを外の世界に連れ出し、多様な人間との出会いを体験させることの方が、インパクトがあり、実効性が高いのではないでしょうか。

子どもの学びの中に、多様なモノとの「クロス（交わる、混ざる）」を導入すべきです。

①クロス・ボーダー（国境を超え混ざる）
②クロス・ジェネレーション（世代を超え混ざる）
③クロス・ソサエティ（社会・枠組みを超え混ざる）

この３つのクロスで、子どもの経験値を引き上げます。当然ながら、クロスするモノはすべて本物、「リアル」でなくてはなりません。

2割の高校生に海外留学を

海外留学は短期間で多様性、協調性、実行力が活性化され、同時にさまざまな困難を乗り越えることで自信と自己認識力が身につく非常に効果的な方法です。だからこそここ10年間で成長著しい中国、インドなどの国々では海外留学件数を大きく伸ばしてきているのですが、日本においてはむしろ減少傾向となっています。

「日本の若者は内向き志向」などと言われていますが、その一方で「高校生の4割は留学希望がある」とも聞きます。実際の高校生の留学者数は1%で、この大きな乖離の理由はいちばんに留学資金、次いで受験、部活への影響だそうです。

留学体験には貴重な要素がたっぷり包含されており、さらに若者にその気持ちもあるというのに、そのチャンスを与える方法はないのでしょうか。日本の将来を担う人材への投資なのだから、国費の投資を考えてもらいたいところですが、いまだ日本では留学は贅沢品ととらえられ、税金活用は難しいそうです。よって企業、個人からの寄付をベースとして考えざるを得ませんが、いずれにしても限られた財源ですから、最大の効果を出す方法を考えなくてはなりません。

大学生とくらべて「高校生は短期間でも大きく変わる」と言います。留学支援団体、国際学校関係者の経験からも、また脳科学の研究からも、このような特性は認められるそうです。それならば思い切って、対象は高校生、期間は短期２週間と定めれば、ハードルの１つとなっている学校生活への影響も小さく、かつ一人当たりの費用が少なくて済み、同じ財源でも総数を大幅に増やすことができます。

たとえば、高校生全体の２割すなわち20万人ほど、社会的にインパクトのあるボリュームを海外に派遣して、国民レベルでのムーブメントをつくり出せないでしょうか。もちろん学業を修める留学にはなりませんが、視野が開け、何らかの気づきを得ることは期待できると思います。

また、短期の留学経験があれば、次の機会に今度は自力で留学するケースが多く、次のステップにつながっていくそうです。この点も、留学対象を高校生とすることの利点だと考えられます。

一定量の高校生を留学させ、その経験がオーナーシップ人材の輩出に寄与すると証明できれば、国、企業をはじめ、さまざまなかたちで寄付が集めやすくなり、この動きを加速していけるはずです。

社会と学校をクロスさせる

異質な場所に個人を放り込んで強制的にクロスを生じさせる留学とは異なり、学校に「異質なモノを放り込む」という活性策もあると思います。「学校だけ」「教師だけ」の教育に対し、現役かそうでないかは問わず、「プロ社会人」が学校に混ざり、本物に直接触れ、学ぶことができる機会をつくるのです。

教師にとっても、多様なプロ社会人とのコラボレーションから、異なる社会を学ぶこと（クロス・ソサエティ）ができ、プロ社会人にとっても教育を通じた社会貢献ができ、オーナーシップの素養を磨くことになります。

じつは、このように部外者が授業を行うケースも一部では行われているようですが、ほとんどが個人のネットワークによるもので、回数もごく限られています。持続性、拡散性を考えると、官民協働体制で自治体ごとにプロ人材と学校とをマッチングするプラットフォームを立ち上げるなどして仕組み化することが必要です。今後ますます、元気な定年退職者は増えますし、現役世代も副業の促進や多様な働き方が求められますので、このようなマッチングには合理性があるように思います。

最後に、プロ社会人の学校教育への導入は、クロス・ボーダーのみならず、世代間交流という意味でのクロス・ジェネレーションだと言えます。これは、親にとっても参加価値の高いテーマとなります。子どもとともに学び、考えることで親自身のオーナーシップ学習が進むと同時に、学校から家庭へとクロス・ソサエティが生まれます。

「授業参観」という「他人ごと」ではなく、「授業参加」という「自分ごと」の流れをつくっていくことが大事です。学校を先生任せの場所と割り切りすぎていることへの反省を促す契機となります。

資金面は最後まで問題として残りそうですが、先に短期留学の実現に当たって申し上げた方法――効果検証から有効性を示し、投資・寄付を集める方法に加えて、社会課題の解決を目的にファンドレイジング（資金集め）をされた方からのお話では、「遺贈」が増加傾向にあるそうです。

ちなみに遺贈とは、無償で自分の財産を他人に与えることを言います。遺贈を希望する高齢者に聞くと「日本の将来の若者のために使って欲しい」という声がいちばん多いといいます。高齢者の善意を次世代のために活用できれば、また違ったかたちで世代が「つながる」ことにもなり、たいへん望ましい話だと思います。

4 粘土層には「大人の学び」を

目覚めよ！　粘土層

私たち粘土層は入社間もない若手のころ、拓銀や山一證券、そして長銀2行が次々と破たんしていくバブル崩壊の現実を否応なく目の当たりにしました。いわゆる失われた20年の始まりとともに、社会人生活がスタートしたのです。そして、その後の企業のリストラが社会人としての原体験となり、経費削減やリスクヘッジなどの守備的フォーメーションが私たちの日常となりました。気がつけば、内向きな環境に順応し、閉鎖された居心地のいいコンフォートゾーンに安住していたのです。そんな粘土層は、ミレニアル世代と経営層に挟まれた世代でもあります。いまも昔も変わりませんが、中間管理職は、上下世代のパイプ役として位置づけられてきました。平成の閉塞感から脱却し、新しい令和の時代を、豊かで開かれた社会にするためには、全世代のマインドセットを大きく転換させる必要があります。いまこそ、世代間の中心となる私たちが、コンフォートゾーンからはみ出して、自身の殻を破らなければ、各世代はつながりません。平成の中間管理職にはできなかったことを実現しようではありませんか。過去の経験に縛られた先入観を捨てて、私たちがつなげるのです。土壌改良はいまからでも遅くありません。粘土層の皆さん、いっしょに目覚めましょう！

大人の「越境」は副業・兼業から

コンフォートゾーン（＝ホーム）から、新たなコミュニティ（＝アウェイ）に一歩踏み出して、多様な価値観と接することが、マインドセット転換のきっかけとなります。アウェイへの一方通行だけではなく、そこでの挑戦や体験からの気づきを、ホームに持ち帰って還元することが重要です。この還元こそがホームとアウェイをつなげる行動なのです。ここでは、ホームとアウェイを往還し還元することを「越境」と定義します。この越境は、オーナーシップ人材に必要な5つの素養を育成するための、大人の学びのフィールドとなるのです。

働き方改革により、長時間労働の改善が進んでいます。ワーカーにとっては、就業以外の時間の使い方を自由に選択することが可能になりました。趣味や自己啓発のために利用することもいいかもしれませんが、ここでは、副業・兼業の時間として利用することを推奨します。ワーカーが越境する機会として活用するのです。しかし、残念ながら多くの企業が、副業・兼業をまだ認めていないのが現状です。情報漏洩、競業、利益相反、就労管理、健康管理等のリスクが、ネガティブな壁となっているようです。一方で、SNSなどを利用してつながることに抵抗感がないミレニアル世代の多くは、新しいコミュニティで自己実現の機会を獲得したいと望んでいます。また、企業のイノベーションを求めている経営層は、社内では得られない知識・情報・人脈等を獲得した社員が、事業の拡大や組織の変革に貢献することを望んでいます。副業・兼業を浸透させるためには、この2世代の志向をつなげることがポイントになります。個人の活躍の場が増えることで、自身の強みや多様性を再発見し、社員の満足度が向上します。その結果、生産性向上や技術革新、組織力向上などの効果が企業に還元されるのです。柔軟な働き方への転換は、社員のモチベーションや企業のイノベーションを活性化させます。副業・兼業による越境をポジティブにとらえる環境を整えることが必要なのです。

一方、副業・兼業が浸透するまでには時間がかかります。まずは、外部からの越境社員を積極的に受け入れることからはじめ、徐々に慣れていくことが必要でしょう。社内にはないスキルや経験を持つ人材と身近に接する機会を、少しずつ増やしていくのです。そして、刺激を受けた者の中から、自ら越境しようとするチャレンジャーが現れます。このプロセスを促進するために、閉鎖的な日本企業は外部人材や外部知識に対するアレルギーを克服しなければなりません。また、チャレンジャーを隠れキリシタンのように抑圧することがないように、同質性という殻を破ることも必要なのです。

ミレニアル世代と経営層の志向をつなげ、閉鎖的な日本企業を解放することができれば、副業・兼業は定着していくでしょう。そうすれば、企業で働くワーカーは、越境という大人の学びのフィールドを獲得することができるのです。

「越境」×「社会課題解決」＝「大人の学び」

副業・兼業がしやすい環境が整ったとして、その越境の機会をみずからの金儲けだけのために利用することはお勧めしません。大人がオーナーシップ人材に必要な素養を習得するためには、単なる越境だけでは不十分なのです。アウェイの環境で、社会の課題解決に挑戦することができれば、その体験を通して、利他の精神を養い、公共心を向上させることができます。「越境×社会課題解決」が、オーナーシップを育成する「大人の学び」なのです。

ところが、社会課題解決となると敷居が高く、たとえ興味があったとしても、どこで何をしていいのかわからない人が多数です。身近でないことを始めるきっかけとしては、ある程度は強制的に、機会をつくるしかありません。たとえば、企業が人事研修の一環として、社会課題解決に挑戦するプログラムを導入することは、強制的な施策の1つになるでしょう。国内や新興国のNPOなどに社員を派遣して、本業で培った専門的なスキルや経験を、ボランティアとして提供します。社会貢献を通した体験型キャリア開発を、各企業が積極的に採用するのです。具体的には、新興国に3カ月程度派遣する留学ならぬ〝留職〟や、週5時間×6カ月程度で国内のプロジェクトに参加する〝プロボノ〟（ラテン語が語源で「公共善のため」の意味）などのプログラムがあります。社会課題解決に挑戦した場合、心理プロセスとして、最初は「先生モード」からスタートした後、自身の未熟さに気づき、そこから行動に移すまでの葛藤を乗り越えて、最終的には使命感・責任感・覚悟が打ち勝つ、といった内部体験をすることができます。そして、「ありがとう」と言われることで自身の貢献に気づき、眠っていた利他の精神が目覚めます。この研修の目的は、スキルの向上ではなく、自己のマインドセットが「自分ごと化」に転換する原体験を得ることなのです。

この研修を通して自分ごと化できた社員が、次に越境の機会を獲得した場合、彼はその時間を社会課題解決に活用するはずです。そして、さらに多くの人とつながっていくでしょう。この企業研修をきっかけとして、「越境×社会課題解決」という「大人の学び」が拡張していくのです。

ここで強調したいのは、この施策を促進するためのキーマンは、私たち粘土層だということです。世代間の中心にいる私たちだからこそ、ミレニアル世代と経営層の志向をつなげることができます。閉鎖的な日本企業の意識改革や、人事研修の制度改革を主導できるのも私たちです。企業の変革を自分ごと化するときが来ました。「越境×社会課題解決」は20〜30歳代が対象だと他人ごとにしていられません。私たちこそが「大人の学び」の主役なのです。

大人の学びが拡がり続けるには

「越境×社会課題解決」が、企業で働くワーカーだけでなく、社会全体に拡がるにはどのようにしたらいいでしょうか。まず「越境×社会課題解決」をやってみたいと思う人が、自分に合った社会貢献活動を容易に探すことができる仕組みが必要でしょう。そして、自分の参加した活動が記録され一目で振り返ることができたり、他の人がどのような活動に参加しているのかも見て参考にできたり、はたまた、自分の活動と他の人の活動を客観的にくらべられるように社会貢献活動が数値化されていたら、もっと多くの人に拡がるのではないでしょうか。

このような仕組みとしてのプラットフォームや意欲的に参加を促すためのインセンティブを図7にまとめました。まず、企業やＮＰＯのような社会課題解決の実行主体が、自ら主催するボランティア活動等の社会貢献活動をプロジェクトとしてプラットフォームに掲載します。活動に参加したい個人はそこにアクセスして情報を閲覧し、好きな活動に参加したり寄付を行い、

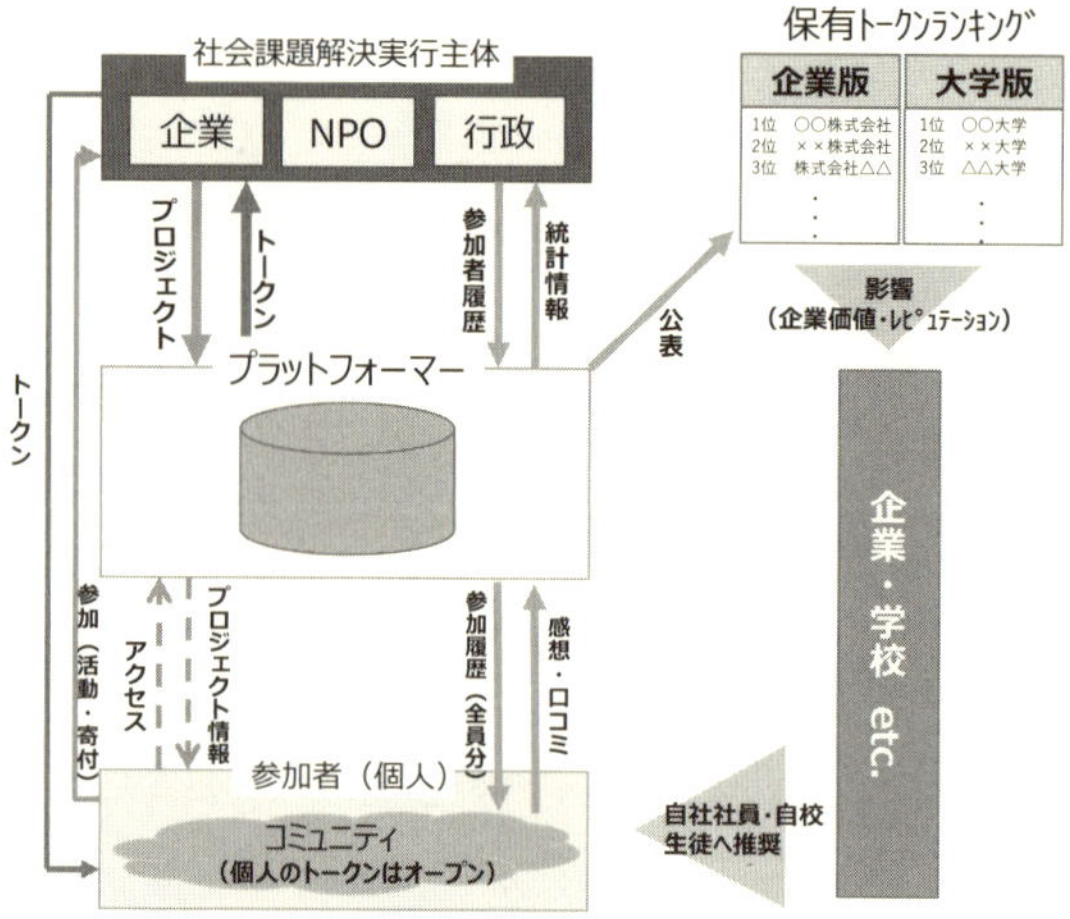

図7 「越境×社会課題解決」を拡げる仕組み

そうすることでトークンが付与されます。また、このプラットフォームの登録者には、登録者全員の活動履歴や保有トークン数を閲覧できるようにし、登録者同士で自由につながることができるようコミュニティ機能も具備します。

このような仕組みをつくることで誰もが手軽に、自らのトークンを増やすことを楽しみながら、誘い合ったり競い合ったりして、こぞって社会貢献活動をすることが可能になります。

さらに、プラットフォーマーが一人当たり保有トークン数を企業ごとや大学ごとにランキング化して公表すれば、企業や大学は企業価値やレピュテーションを上げるために、自らの社員や学生に社会貢献活動を積極的に後押しすることも期待できます。

このトークンが商品やお金と交換できれば参

加者が増えるでしょうが、何よりも社会貢献活動がトークンとして可視化・定量化されることで、それらの活動が客観的に社会で評価されるようになることが望ましいと思います。社会貢献活動でトークンが得られその保有量によって人の善意や企業の社会貢献度が可視化され、客観的に評価されることになり、お金の保有量とは違う評価軸が生まれることになります。

「お金持ち」ならぬ「トークン持ち」が評価され、尊敬される時代がつくれるかもしれません。このような取り組みは、すでにとあるベンチャー企業が「actcoin」という名称で、いわば壮大な社会実験を開始しています。興味を持たれた方はいますぐアクセスしてみてはいかがでしょうか。コンフォートゾーンを抜け出すには、実行あるのみです。

企業の資金や人材を「社会課題解決」に向かわせる

高校生の2割を海外留学させるとして、その奨学金を集めなければなりません。企業が社会課題解決に挑戦するとして、株主にそれがムダにならないと説明しなければなりません。「これが大事だ」と訴えても、財源やインセンティブ（動機付け）がなければ、多くの人を巻き込むことはできません。そこで、私たちが注目したのはSDGs経営とESG投資の潮流です。

最近、SDGsを経営戦略に組み込む企業が増加しています。機関投資家を中心にESG投

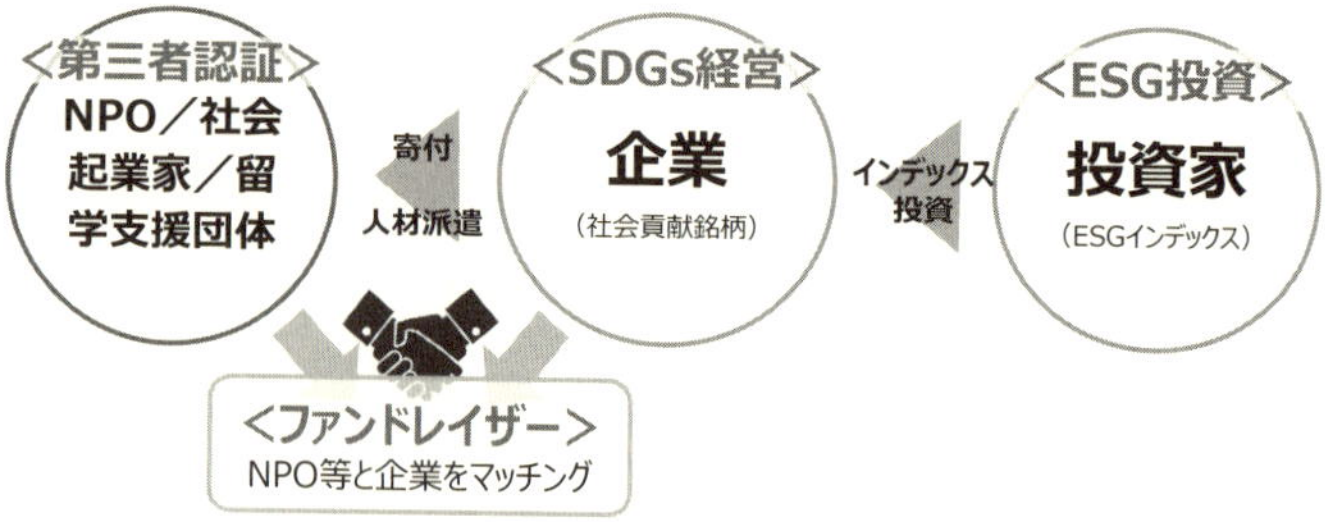

図8　NPOと企業と投資家がつながる仕組み

資が進み、ＥＳＧ投資家を意識する企業も増加しています。社会貢献活動に積極的な企業にＥＳＧマネーを呼び込むことにより、企業の資金（内部留保）が社会貢献に向かいやすくする「資金の良循環」を興すことができます。同時に、ＮＰＯ側も、寄付集めの専門家や、活動成果の「見える化」により、資金調達力を底上げします。私たちは、ＮＰＯ等と企業と投資家が「つながる力」を高める仕組みを提言します。これにより、企業と投資家と社会の「三方よし」を実現します。

①資金や人材の出し手（企業）

ⅰ企業のＳＤＧｓ経営として、社会貢献活動（ＮＰＯと協働した社会課題解決、社員によるプロボノやボランティア、留学支援等）を経営戦略に位置付ける企業を表彰する

ⅱ社会貢献活動に積極的な企業（経常利益の１％以上、就業時間の１％以上を社会貢献活動に活用）を対象に、「社会貢献銘柄」を選定する

ⅲ「社会貢献銘柄」に選定された企業をＥＳＧ投資インデッ

クスに採用する

②資金や人材の受け手（NPO／社会起業家／留学支援団体）

ⅰ「認定ファンドレイザー」（社会課題解決に取り組むNPO等の資金調達の専門家）を採用するNPO等を、国の補助採択や財団の助成審査で優遇する

ⅱNPO等を対象に、組織、事業両面で、社会性評価・認証を行う「第三者認証機関」を設立し、レビュー結果を公表して、活動成果を「見える化」する

ⅲレビュー結果の高いNPO等は、企業の協働先に優先選定され、出融資における優遇条件や税制優遇が適用される

オーナーシップ人材がつながる未来

私たちが目指す令和の社会は、「人の活躍」「社会や人としての豊かさ」「日本の価値」が膨らみ続ける社会です。

「越境×社会課題解決」に取り組む人が増えれば、解決される社会課題が増えます。「トークン持ち」が増え、「お金持ち」とは違う新たな評価を得ることで、富を追求する競争偏重社会から社会や人としての豊かさを追求する共助の社会を広げることができるでしょう。また、オ

ーナーシップ人材はその成長過程でホームだけでなく、新たなコミュニティに属することで活躍の場を広げます。当然、新たなコミュニティに属すればそこで新たなつながりが生まれることになり、別のホームから越境してきたオーナーシップ人材とつながっていきます。さまざまな課題を自分ごと化できる個としてのオーナーシップ人材がつながり、線となり面となっていくことで、さらによりよい社会がつくられることでしょう。そのようなオーナーシップ人材溢れる社会がつくれれば、世界のロールモデルとして日本の価値が高まることになるでしょう。これこそがわれわれの目指す令和です。そのためにも私たち一人ひとりが一歩踏み出しましょう。令和を創るのは他の誰かではありません。私たち一人ひとりなのです。

コラム●メディアは分断を助長するか

●メディア環境の激変

2000年から今日までの約20年の間、メディアを取り巻く環境は大きく変化しました。メディアとは、新聞、雑誌、テレビ、ラジオ、インターネット、スマートフォン等の情報を伝達する媒体のことです。近年、インターネットおよびスマートフォンを媒体としたネットメディアの登場・躍進により、情報の発信者や受信者に大きな影響を及ぼしてきました。

1つは、利用するメディアの変化です。年代別のメディアの行為者率（1日の中で該当の行動を15分以上した人が全体に占める割合）について、テレビ（リアルタイム）行為者率は、60代は94・2％、40代は83・0％と高い水準ですが、10代は60・4％です。新聞行為者率は、60代は59・9％と高い水準ですが、40代は28・3％、10代に至っては3・6％です。一方でネット行為者率は、10代・40代は80％台と高い水準ですが、60代は45・6％です。（図9）結果、60代は引き続き、主にテレビや新聞を利用する一方で、10代は、インターネットを利用する傾向にあります。ここに年代によって利用するメディアに違いが表れています。

もう1つの変化は、これまでは新聞やテレビなどのマスメディアが一方的に情報を発信することが当たり前で、限られた情報しか得ることができなかったのに対し、いまは、インターネットやスマートフォンの登場により、誰もが世界中に瞬時に情報を発信できたり、いつでもどこでも写真や動画付きの情報を得られたり、情報に対してみずからコメントやシェアができるようになったことです。そうしたなかで、Yahoo!ニュースやFacebookなどに代表される、インターネット上のさまざまな情報を集約して提供するプラットフォーマーと呼ばれるネットメディアも出現しました。

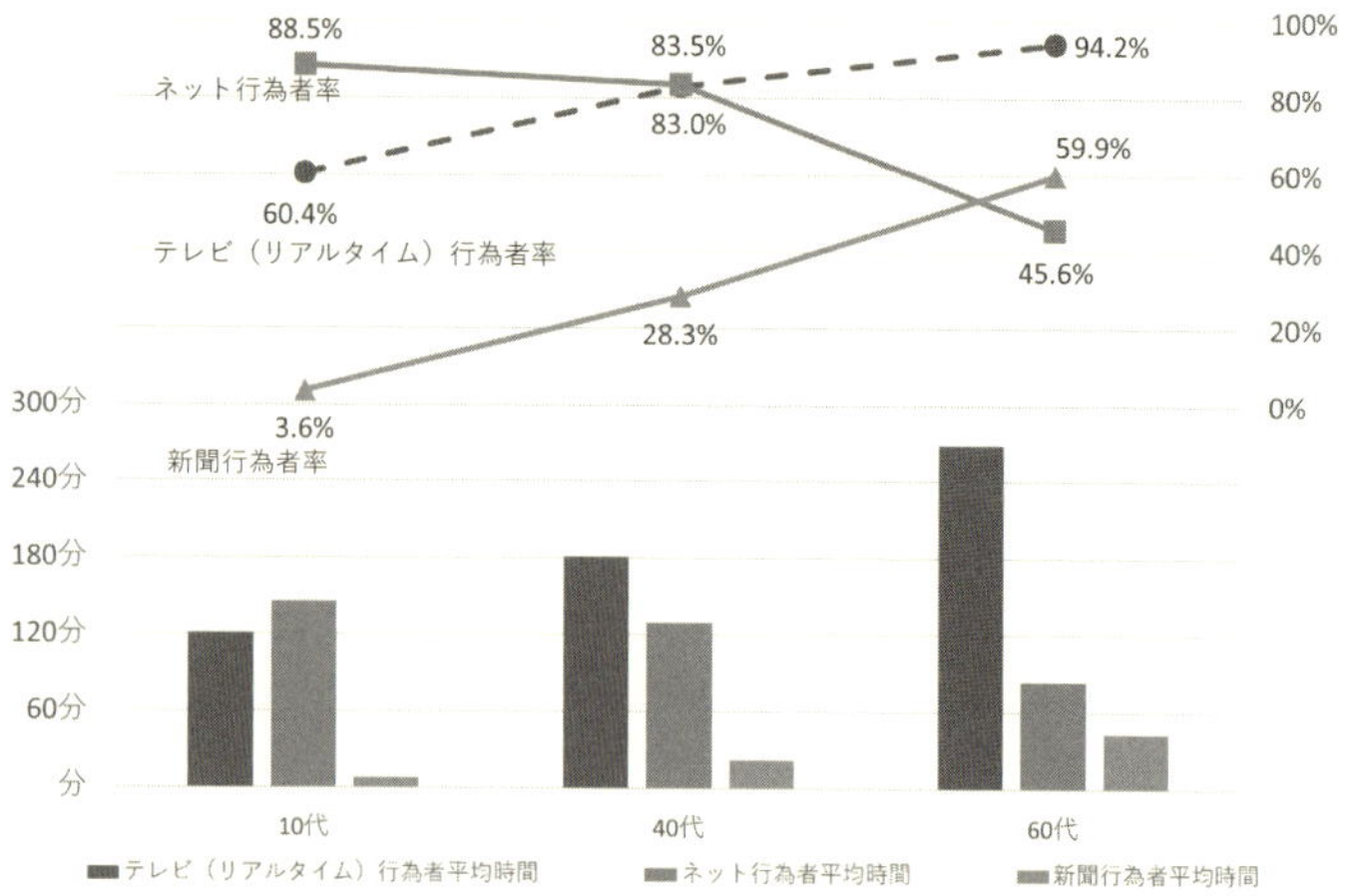

（出所）総務省 情報通信政策研究所「平成29年情報通信メディアの利用時間と情報行動に関する調査」より筆者作成

図9　平成29年（平日）主なメディアの行為者率・行為者平均時間

●国民の分断の危機に

これまでのメディア環境の変化を見ると、これからはネットメディアが席巻する時代になるといえます。一方でさまざまな問題を引き起こす可能性も孕んでいます。1つは、ネットメディアは閲覧回数が多いほど広告収入を得ることができます。その結果、政治や経済などの重要な記事よりも、政治家や芸能人のスキャンダル・不祥事に関する記事や、感情に訴える過激な記事がより多く流通することにつながります。もう1つは、インターネットのテクノロジーが個人の見たい・知りたい情報しか得られない状況を引き起こすことです。SNS上で自分の興味・関心のある情報だけフォローしていると、同じような情報しか入ってこなかったり、自分と同じような意見ばかり返ってくる「エコーチェンバー」や、ユーザーの個人情報を学習したアルゴリズムにより、その人にとって興味・関心のありそうな情報ばかり提供する「フィルターバブル」は、自分と異なる価値観や視点をもった情報が入らなくなるだけでなく、嘘やデマに影響され、フェイクニュースを拡散しやすい環境を生み出す恐れがあります。

また、新聞やテレビに目を向けると、その成り立ちや時代を背景に、一定の良質な記事を提供してきましたが、先述のとおり、近年は若年層に見られなくなっています。とくに新聞は、取材から宅配に至るまで自社と系列販売店で完結する既存のビジネスモデルからネット化・デジタル化へ転換できていません。日本新聞協会によると、新聞社の総売上高は、ピークの1997年度の2兆5293億円から、2016年は1兆7675億円に減少しています。新聞・通信社の記者数も1997年の2万2287人から、2018年は1万8734人に減少しています。もし、今後もこのような状況が続けば、プロの記者が育たなくなるだけでなく、良質な記事も提供できなくなり、結果として、ジャーナリズムの軸が喪失する恐れがあります。

このようなメディアの激変が私たちにもたらすもの。それは、ずばり「国民の分断」です。これまでは、系列化および限られた既存マスメディアの影響で良い意味でも悪い意味でも緩やかな対立を生んでいました。今後、既存マスメディアが衰退していくことが想定されるなか、ネットメディアは、世の中の意見を両極端に振れさせ、社会の分断を助長するメカニズムを備えています（図10）。EUからの離脱をめ

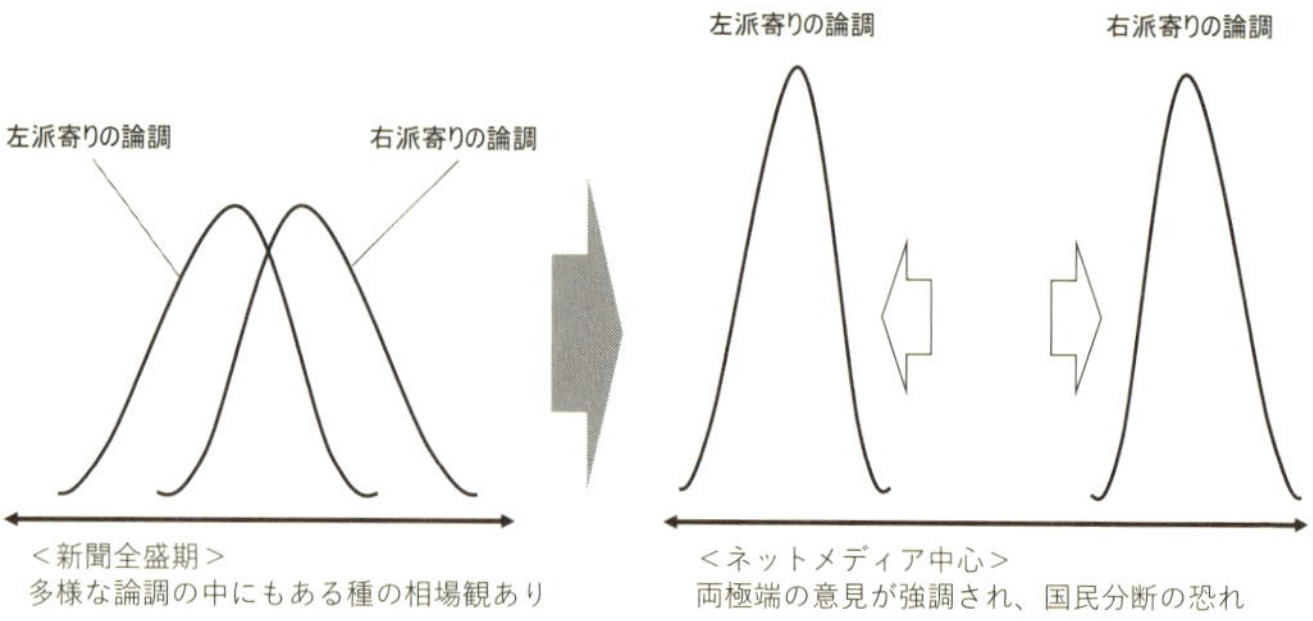

図10　メディアが引き起こす国民の分断

ぐり国論が二分して、議会と政府が何も決められない機能不全に陥った英国の例を持ち出すまでもなく、社会の分断は国益に反します。このように分断された社会では、国家の成長を阻害され、ライバル国に付け入る隙を与えるだけであり、とても「ビューティフル・ハーモニー（令和）」どころではないでしょう。

●メディアを自分ごと化せよ

このような社会分断メカニズムを備えたネットメディアは悪なのでしょうか。私たちはそう思いません。読み終わったら大量のゴミとなって、満員電車で広げにくく、触ると手が黒くなる新聞しかなかった時代にくらべ、いまはスマホ一台でどこでもニュースが読めます。では何が問題なのでしょうか。私たち日本国民は2つの大きな問題に直面しています。

1つ目の問題は、ネットメディア時代における社会の対応力向上です。広告収入を最大限得るネットメディアのビジネスモデルは、先にふれたように専門的で正確な記事よりも、感情に訴える記事を重視するメカニズムを有してしまいます。このためネットメディアを使うユーザー（国民）は、ネットメディアの分断助長効果に十分対応したリテラシーを持つ必要があるのです。また記事を提供するメディア側も、広告料に結びつきにくい専門的な記事を供給できなければ、ネットメディアが持つ分断促進効果をさらに助長させていくことになります。

そして２つ目の問題は、ジャーナリズムそのものの問題です。既存メディアの衰退によりジャーナリズムそのものが弱体化し、ひいては民主主義制度そのものを崩壊させる危険すらあります。これを防ぐためには、何らかの形でネットメディアの持つ分断促進効果を牽制する社会の仕組みが必要なのではないでしょうか。

これらの問題は、実は１つの普遍的な社会課題への挑戦といえます。それは私たち日本人が、日本という国を何が支配する国にしたいかということです。お金（ここでは広告収入）が支配する国にしたいのか、知性と理性が支配する国にしたいのか、私たち日本国民としてのモラルと矜持が問われています。そしてこのような普遍的な社会課題に対しては、私たちが令和時代におけるメディアの在り方を「自分ごと」として考え、取り組むことが不可欠です。このように私たちがメディアの在り方を「自分ごと化」することを前提に、メディアによる社会分断を防ぐための、いくつか具体的なソリューションを提案します。

●AI利用も1つの選択肢

ネットメディア時代における社会の対応力向上のカギは、国民自身のリテラシー向上にあります。ネットメディアが社会の分断をもたらす原因の1つは、私たちの「安易に流される心」をテクノロジーに巧みに利用されたビジネスモデルになっていることです。タイトルが興味を引く記事についクリックしたり、感情を煽るような記事に憤りを感じたり、それを酷評するコメントにスカッとして「イイね」ボタンを押したりと、そういう経験はないでしょうか。ネット上では、わかりやすくて感情を煽る極端な意見が上位に表示され、より多くの人がそういう意見ばかりを読むようにできています。しかしよく考えてみると、世の中というのはそんなに単純にはできていません。どんな社会問題でも、自分には思いも及ばないバックグラウンドを持った人が思いもよらない意見を持っていたりするものです。しかし普通の人は自分の耳に心地よい意見しか聴きたくないものです。これはごく自然な感情で、人間の本能とも言えます。

しかし私たちが主張するオーナーシップ人材は、こうした人間の本能に逆らってさまざまな意見があることを理解した上で、自分の意見を持ち、行動に移せなくてはなりません。実はこういう人を増やすのに役立つ簡単な方法があります。それは、AIを使ってさまざまな意見を自動的に整理し、ネット上で記事が表示される際に自動的に表示される機能を組み込めばいいのです。そして各意見を代表する記事へのリンクを提供します。記事を見た人は読んでいる記事とは違う意見が存在することを自然と認識するでしょう。国民の9割以上が高校に、5割以上が大学に進学する日本においては、そういう情報さえあれば、皆が皆とは言わないまでも、異なる意見の記事に興味を持って読む人も相当出て来るでしょう。色々な意見に接すれば、よく考えてから自分の意見を持つようになります。テクノロジーが私たちのリテラシーを底上げする手助けをすることは十分可能なのです。テクノロジーから生まれた問題はテクノロジーで解決してしまえばいいのです。

●成熟したネットメディアへの移行

ネットメディア時代における社会の対応力向上のためにもう1つ必要なのは、広告料に結びつきにくい専門的な記事が提供されるビジネスモデルをつくることです。より多くクリックされる記事が広告収入を得るビジネスモデルでは、専門的で正確な記事よりも、感情に訴える少々過激な記事が有利です。これまで専門的で正確な記事を提供してきたジャーナリストが失業の危機に陥るのはこのためです。そこで、この専門的で正確な記事がネットの世界でも提供される仕組みをつくればいいのです。

皆さんは「Yahoo!ニュース個人」をご存じでしょうか。Yahoo!のニュースサイトでは、○○新聞など既存のメディアから提供される記事のほかに、「オーサー」と呼ばれる個人が書いた記事が掲載されています。「オーサー」は、個人のジャーナリストだけでなく、大学教授、医者、弁護士といった特定分野の専門的知識を持っていて、かつ文章力を兼ね備えた人をYahoo!が選考し、個別に契約して記事を提供してもらっています。謝礼はYahoo!が稼いだ広告収入の一定割合が充てられます。オーサーの中でもトップオブトップの人は十分生活ができるくらい、上位グループであれば副業として十分な収入になるくらいの報酬を得ることができるそうです。記事が読まれるほど報酬は多くなるので、他のネット記事と同じじゃないかと思われるかもしれませんが、「オーサー」はしっかりした記事を書く人としてYahoo!によってフィルタリングされていますし、元々一定の分野についての専門家で、その分野の記事しか書かないため、ゴシップ記事などに走る恐れもありません。また、他の記事のコメント欄の最上部において記事解説を行う役割も担っており、閲覧者のリテラシー向上にも一役買っています。私たちはこのYahoo!ニュース個人のモデルを他のプラットフォーマーにも広げることを提案したいのです。

さらにこの「Yahoo!ニュース個人」のモデルは応用が可能です。たとえば広告収入ではなく、クラウドファンディングを通じて、一定の分野に関心のある人やネット上のコミュニティが専門家に資金を提供し、その分野の取材記事を投稿してもらう、といったことも可能でしょう。このモデルでは、記事提供者の生活をすべて支えられないという批判もあります。しかし私たちの意図は、大学教授などすでに一定の収入がある専門家を職業ジャーナリストの予備軍として有効活用し、ジャーナリズムを担う記事提供者の幅を拡げていこうというところにあるのです。それがこのモデルのミソであることを補足しておきます。このように記事提供者の幅を拡げると同時に、閲覧者は先に記したさまざまな意見が表示される機能を参考にしながらコメントを投稿することで、記事を作成する側と読む側とのつながりがこれまでよりも成熟したものとなり、メットメディアがオーナーシップ人材を増やすことにつながっていくのです。

●ジャーナリズムがネットメディアの弱点を補完せよ

最後に、ジャーナリズムそのものの保全策について提案します。ジャーナリズムの主な役割は、事実報道と権力監視にあります。これらは民主主義の維持に不可欠な要素です。このため民主主義を好む人が存在する限り、民主主義国家の本能ないしDNAともいえるジャーナリズムを支える人が絶滅することはないでしょう。しかし、政治・経済・社会・スポーツ・文化等さまざまな分野の記事を「セット販売」する紙の新聞の時代とは異なり、政治や社会問題よりもスポーツ記事やゴシップ記事を好んで見る人が多い世の中においては、政治部・社会部のジャーナリストを経済的に支えることが難しくなってくるのもまた自然な流れといえます。新聞やテレビは、ビジネスモデルを転換しない限り縮小せざるを得ないのです。

こうした事態に対し本書は、ネット時代の良さはそのまま受け入れ、ネットニュースの欠点はテクノロジーやビジネスモデルで補完していこうという姿勢をとっています。しかしながら、この姿勢は記事提供者と閲覧者をつなぐプラットフォーマーが一定の倫理を保っていることを前提としないと成り立ちません。しかしプラットフォーマーが一定の倫理を保っている、という前提が常に成立する制度的保証があるでしょうか。既存メディアのうち、テレビは放送法によって一定の規制がされていますが、プラットフォーマーに対する規制はありません。新聞は一定の倫理を有するであろうと信じるに足るこれまでの実績があります。この点、プラットフォーマーを規制することは1つの解決策ですが、そもそも国境がないネットに対する規制の効果には疑問があります。

そこで私たちは、公共放送の役割が重要だと考えます。NHKは、放送法第15条において「国内基幹放送」と位置づけられています。また、NHKは広告収入に依存しないメディアです。そこで私たちは、基幹放送であるNHKがジャーナリズムを守る最後の砦として機能するべきだと考えるのです。つまり、NHKは、不偏不党を堅持し、広告収入に頼っていては提供されない情報を国民に提供し、万一ネットメディアが暴走してジャーナリズムの機能を果たさなくなったとき、民主主義の根幹をなす私たち国民の知る権利を守る役割を果たすべきなのです。

NHKがそのような役割を果たすためには、現在約7000億円支払っている受信料について、私たち国民が民主主義の対価として受容することが前提となります。民主主義を守るためにはジャーナリズムを守ることが必要だと考え、そのためのコストを自ら負担することをいとわない、すなわち民主主義国家の保全・成熟化を自分ごと化して行動に移すことが何より重要です。もちろんNHKの側も漫然と受信料を受け取るのではなく、私たち国民の理解を得ようと努力し、7000億円でも高くないと思えるようなパフォーマンスを発揮することが大切です。

私たち国民とＮＨＫが心をつなげ、日本をさらに素晴らしい国にしていくために、私たちは次の２点を提案します。第一に、ＮＨＫが受信料を有効に使い、国民および民主主義のためにこういうサービスを提供するということを国民に対しコミットすることです。また第二に、メディアの健全な発展のための実験場的な役割を果たすことです。現在の放送法では、ＮＨＫは「放送」以外に関する業務ができないため、これがネット対応への制約となっています。もし「放送」以外も含めたジャーナリズムにとってのネット活用などを、その豊富な資金力を使って開拓し、他のメディアにノウハウを提供していくことができれば、私たちのジャーナリズムの最後の砦としての役割を果たすことができ、受信料に対する私たちの納得感も増していくのではないでしょうか。

おわりに

「はじめに」で示したとおり、私たちフォーラム21梅下村塾32期生は平成最後の年に出会い、およそ1年にわたる活動の結果、令和最初の年に何とかこうして出版にこぎつけました。いまなお、一人称で語るには心許ない自分たちの不甲斐なさを感じながらも、いっしょに汗をかいてきた仲間たちと共有できたものは、「自分ごと化する」ということでした。その気づきを本書を通じて発信し、少しでも多くの方々に共感してもらい、そして自分ごと化の輪が拡大することを望んでやみません。私たち粘土層世代は、明治維新を駆け抜けた先人たちのような強烈な危機感も、凄惨な戦争の実体験もなく、あるいは昭和の高度経済成長も体現していない……ないもの尽くしの年代です。

社会人になった以降を振り返ってみても、変化の激しい時代にそれなりに順応し、家族のため、会社のため、ひいては社会のためにと頑張ってきたはずが、失われた20年、30年という時代を築き上げてしまいました。そういう私たちだからこそ、これからの日本の将来が自分たちが求める社会へと変革していくためには、まず私たちの世代こそが能動的に変わっていかなければならないという強い使命感が生まれました。その最初のアクションが本書の出版です。

昭和の終わり、バブルが弾けるとともに、大企業に入社すれば安定的な生活が保障される、良いものをつくりさえすれば必ず売れる、努力すれば必ず報われる、といった固定観念が崩れ落ちました。そして、企業経営も激変しました。雇用、設備、債務の3つの過剰に苦しめられ、大規模なリストラが行われました。その結果は、国内製造業の空洞化と雇用の不安定化です。これらが家庭のあり方そのものまで壊していったのは、第1章で述べたとおりです。

サザンオールスターズは、「『永遠に不滅』と彼は叫んだけど　信じたモノはみんなメッキがはがれてく」と、成長時代の終焉を当時のヒーロー長嶋茂雄の引退と重ね合わせ、「叶わない夢など追いかけるほど野暮じゃない」と現在の自分たちを慰めます。まさに昭和で当り前だったことを一つひとつ諦めていく、そんな生き方を平成という時代は求めたのかもしれません。

生き方さえも変えてしまった平成の日本経済でしたが、何とか低迷期を脱出し、成長の兆しを見せはじめています。個人レベルではまだ実感する人は多くないかもしれません。しかしながら、近江商人の「三方良し」や渋沢栄一の「論語と算盤」に記されているとおり、元来日本人は公益性の追求が強いのも事実で、低成長時代に個別企業の業績を意識しすぎたツケが回ってきている部分もありますが、使われ方まで探求するモノづくりや世界一と評されたサービスのあり方など、わが国の潜在力は非常に高いものがあります。

かつて内需を中心に鍛え抜いた力を開放し、世界に大きく目を見開けばいいだけのことです。すでにスポーツ界では、平成7年に野茂英雄がメジャーデビュー以降、多くの選手が海外で活躍し、いまはベーブルースの復活として大谷翔平選手が二刀流で活躍しています。サッカー界も多くの選手が渡欧し成功しています。

経済界もこれまでのように製造業だけではなく、広い世界で勝負を始めれば遅かれ早かれ、実を結ぶはずです。働き方改革として進められている時間の配分や男女の役割分担などについても、世界標準に合わせていくことで個々人の生活はより充実したものになるでしょう。いまこそ改めて、諸外国のあらゆる状況を深く理解し、令和の文明開化として世界とつながることが私たちに求められています。

平成こそ日本は戦争がなかった時代になりましたが、世界ではイラク戦争をはじめ、各国の紛争やテロとの戦いがいつ終わるともなく続いています。足下でも、北朝鮮の核開発や拉致問題、ロシア、韓国そして中国との領土問題、米中の経済摩擦、ホルムズ海峡での問題や日韓の問題と、政治的な課題は山積しています。

私たち日本人は終戦以降ずっと、経済こそが国力であると信じてきました。その結果として、平和ボケと言われても仕方がない状況が訪れているとしたら残念なことです。米国がトランプ大統領になって初めて、他国を守るのに米国の若い軍人を危険な目に合わせる必要性は感じないと明言しました。では、誰が私たちの命と財産、領土を守るのでしょう。それは、自分たちでしかないのです。自衛隊の存在すら関心を示さない日本人も多いのですが、自衛隊も私たちと同様の日本人であり、私たち自身なのです。自由と民主主義そして平和をいつまでも謳歌したければ、自ら立ちあがる重要性は論を俟ちません。

戦争がなかった平成を喜ぶかたわらで、新しい時代は自らの命と財産をどうやって守っていくのか問いかけているのかもしれません。

私たちはこれらの数々の問いかけに、一つひとつていねいに向き合って来ました。多くの本を読み、大勢の有識者の話を聞き、そして夜通しで議論を尽くしました。すべての問いかけに答えが出せた訳ではありませんし、紙面の都合上、言葉を尽くし切れていない部分もあります。それでも内容を読んでいただければ、頷けることも多いと思います。

ノスタルジックに昭和という成長の時代は良かったと言うつもりはありません。しかし平成という時代はいささか窮屈であったように思います。昭和の躍動に対する反動だったのかもしれません。がむしゃらに生き抜いた時代から少しスローダウンしたときに、何かを失いかけているいることに気づきながらも、その躍動のなごりに動かされ続け、立ち止まることを許されなかったことが理由でしょう。

ようやく立ち止まって見渡してみると、家庭のこと、地域のこと、国のこと、さまざまな社会問題を目の当たりにすることになりました。そして、その問題の根底には、人と人とのつながりの希薄さが、子育てを妻に押しつけ、企業から公益性を奪い、地域のこと、国のことを他人ごと化している自分がいました。前述の「栄光の男」でサザンオールスターズは、こうも語っています。「喜びを誰かとわかち合うのが人生さ」と。信じれるモノは、最後の最後は人でしかあり得ないということです。日本人には「和」を尊ぶ精神があります。新しい日本のために、まずは本当に大切だと思うこと、信じられることを、そして夢をいっしょに語り合いましょう。そして、皆が自分ごととして躊躇わず実行して行きましょう。愛溢れる未来のために……。

＊

本書を出版するにあたり、1年間ご指導賜り成長を見守って頂きました梅津塾長をはじめシニアアドバイザーの皆さま、OB・OG各位にはたいへんお世話になりました。ありがとうございました。また、丸善プラネットの皆さんには、私たちの主張を本というかたちで表現するために最後までお手伝い頂き、心より感謝申し上げます。その他、各種行事や分科会の活動を進めるうえで、ご支援賜りました多くの方々に紙面を借りて、心より御礼申し上げます。誠にありがとうございました。

32期生諸君の出版に寄せて

私は、毎年「フォーラム21」現役生の集大成となる出版が完成するのを楽しみにしています。彼らの熱意と努力が詰まった成果物であり、本気で日本の将来を良くする気概が伝わってくるからです。本書は、管理職世代にある40名が体当たりで学んだことを消化し、自分自身として決意表明すると同時に、世の中にそれを訴える取り組みです。

今回の出版をもって、「フォーラム21」は記念すべき令和という時代を迎えました。かくいう私は95歳。先の大戦を経験し、昭和、平成、令和という日本の戦後史をこの目で見てきました世代です。

「フォーラム21」を立ち上げたのは、昭和62年（1987年）で63歳のときです。それまで戦後の昭和の高度成長期を一心不乱に働いてきた私は、これからは世の中に恩返ししたいと真のリーダー育成を志しました。それ以来、30年以上にわたって、時代を切り拓くリーダーの育成に心血を注いできました。毎年、民間企業30社と官庁10省庁の計約40名の少数精鋭で、将来のトップになる管理職人材を集め、ハイレベルな議論を1年間とおして戦わせることを継続してきたのです。

これまでの先輩達と同様、今回の32期生達も、日本の課題を丁々発止で議論し、働き盛りの管理職が、おおよそ週2回以上となる頻度で集まって密度の高い時間を過ごしてきました。「フォーラム21」の特長は、単なる机上での議論だけにとどまらず、大いに良書を読破し、感想文を書き、フィールドワークで有識者や政治家にも話を聞く経験を積みます。また、全員で参加する萩研修で松下村塾を偲んだり、總持寺宿泊で坐禅を経験したり、さらには、自衛隊体験入隊に至るまで、平均年齢45歳の管理職層が、ここまでやるかという真剣勝負を1年間続けています。

毎年、この経験を通じてリーダーを育成すること32年、「フォーラム21」ＯＢ・ＯＧは、総数１０７１名に達しました。その間、新日本製鐵株式会社（当時）の今井敬氏から現代の松下村塾たれと「梅下村塾」の命名をいただきました。じつに、平成の歩みの中で、「平成の志士」ともいえる塾生達を輩出してきたと誇りに思っています。32期の塾生は、新たに「令和の志士」

となって活躍してくれることでしょう。感慨深いことです。

32期生諸君のテーマは日本の課題全体に目を向けており、われわれが「崖っぷち」に立っているとの危機意識をもって世の中に呼びかけています。本書では、上の世代・下の世代の双方の歴史と課題に向き合い、自らの役割についても胸に手を当て、そして、たどりついた「自分ごと化」と「つながる力」という問題意識を軸に日本の課題を提言しています。新しい時代の幕開けという気持ちを胸に、まだまだ若い彼らが渾身の力を込めて書いた本書を、読者の皆さんはどう受け止められたでしょうか。メッセージが心に刺さる経験をする読者が広がることを願ってやみません。

すでに、私の志についても書きましたが、この1年、私自身も、塾生達に範を示すべく取り組みました。人生100年時代ですから、頑張らねばなりません。年かさ半分以下の塾生達と、できるだけ同じように研修に参加し、真剣な議論の進展を見守ってきました。次世代を育成することが年長者の使命であると、自分に鞭打って塾長としての使命を全うしています。この精神は、「フォーラム21」OBであるシニア・アドバイザーをはじめ、すべての「フォーラム21」OBに受け継いでもらいたい。私の背中を見続けた32期生には、令和における次世代育成にも取り組んでもらいたいと思っています。本書に込められたメッセージは、各塾生がある種の教育者となって、社会に伝播させていくことができるはずです。

最後に、お伝えしたいことですが、32期生諸君は、最初に会ったときといまとで目の輝きが違います。32期生自身が今回の経験を「覚醒する」経験であると語ったように、必死になって汗をかき、本気で世の中を変えるための取り組みに参画したことで、皆が人間的成長を確信していると思います。

冒頭にも述べましたが、本書は、世の中への提言であると同時に、管理職世代が、人生100年時代を鮮やかに駆け抜けていく、その軌跡として、後生に残す記録の役割を果たしていきます。まだまだ続く32期生諸君の人生へのエールとして、末尾に梅下村塾の塾是を唱和し、私からの贈る言葉としたいと思います。

流汗悟道
実践躬行
高志垂範

超我奉公
交友知愛

令和元年八月

梅下村塾　塾長

梅津昇一

【主要参考文献】

◆第1章

『少子化論─なぜまだ結婚、出産しやすい国にならないのか』松田茂樹、勁草書房、2013年
『定年後─50歳からの生き方、終わり方』楠木新、中公新書、2017年
『幸福の増税論─財政はだれのために』井手英策、岩波新書、2018年
『日本の少子化 百年の迷走─人口をめぐる「静かなる戦争」』河合雅司、新潮選書、2015年
『論語と算盤』渋沢栄一、角川ソフィア文庫、2008年
『82年生まれ、キム・ジヨン』チョ・ナムジュ、筑摩書房、2018年
『安心と活力の日本へ（安心社会実現会議報告）』安心社会実現会議、2009年
『人口減少時代の土地問題─「所有者不明化」と相続、空き家、制度のゆくえ』吉原祥子、中公新書、2017年
『2030年からの警告─社会保障　砂上の安心網』日本経済新聞社（編）、日本経済新聞出版社、2018年
『人口と日本経済─長寿、イノベーション、経済成長』吉川洋、中公新書、2016年
『限界都市─あなたの街が蝕まれる』日本経済新聞社（編）、日経プレミアシリーズ、2019年
『人口減少時代の都市─成熟型のまちづくりへ』諸富徹、中公新書、2018年
『底辺への競争─格差放置社会ニッポンの末路』山田昌弘、朝日新書、2017年
『分断社会を終わらせる─「だれもが受益者」という財政戦略』井手英策・古市将人・宮崎雅人、筑摩選書、2016年
『結婚クライシス─中流転落不安』山田昌弘、東京書籍、2016年
『定年後のお金─寿命までに資産切れにならない方法』野尻哲史、講談社+α新書、2018年
『子育て支援が日本を救う─政策効果の統計分析』柴田悠、勁草書房、2016年
『人口減少社会の未来学』内田樹（編）、文藝春秋、2018年
『ポスト資本主義─科学・人間・社会の未来』広井良典、岩波新書、2015年
『リーママたちへ─働くママを元気にする30のコトバ』博報堂リーママプロジェクト、角川書店、2015年
『2030年世界はこう変わる─アメリカ情報機関が分析した「17年後の未来」』米国国家情報会議（編）、講談社、2013年

『北欧モデル―何が政策イノベーションを生み出すのか』翁百合／西沢和彦／山田久／湯元健治、日本経済新聞出版社、2012年
『2030年未来への選択』西川潤、日経プレミアシリーズ、2018年
『ちょっと気になる政策思想―社会保障と関わる経済学の系譜』権丈善一、勁草書房、2018年
『世界一子どもを育てやすい国にしよう』出口治明・駒崎弘樹、ウェッジ、2016年
『少子化問題の社会学』赤川学、弘文堂、2018年
『AI×人口減少―これから日本で何が起こるのか』中原圭介、東洋経済新報社、2018年
『未来の年表―人口減少日本でこれから起きること』河合雅司、講談社現代新書、2017年
『未来の年表2―人口減少日本であなたに起きること』河合雅司、講談社現代新書、2018年
『未来の地図帳―人口減少日本で各地に起きること』河合雅司、講談社現代新書、2019年
『超少子化―異次元の処方箋』NHKスペシャル「私たちのこれから」取材班、ポプラ新書、2016年
『ストップ・ザ・少子化―日本活性化序説』宇野弘之、国書刊行会、2014年
『2050年老人大国の現実―超高齢化・人口減少社会での社会システムデザインを考える』小笠原泰・渡辺智之、東洋経済新報社、2012年
『あなた自身の社会―スウェーデンの中学教科書』アーネ・リンドクウィスト／ヤン・ウェステル、新評論、1997年
『財政破綻後―危機のシナリオ分析』小林慶一郎（編著）、日本経済新聞出版社、2018年
『日本の中小企業―少子高齢化時代の起業・経営・承継』関満博、中公新書、2017年
『スウェーデンの少子化対策―家族政策の展開と男女共同参画社会への挑戦』谷沢英夫、日本論評社、2012年
『老後の誤算―日本とドイツ』川口マーン惠美、草思社、2018年
『地方創生―〝熱中小学校〟の果てしなき挑戦』滝田誠一郎、辰巳出版、2018年
『人工知能が変える仕事の未来』野村直之、日本経済新聞出版社、2016年

◆**第2章**

『2017年度国民経済計算　経済活動別の就業者数、経済活動別国内総生産』内閣府
『平成29年度高齢社会白書』内閣府

『２０１７年　直接投資残高地域別統計』財務省
『労働力調査（基本集計）』総務省統計局
『トップランナー制度　世界最高の省エネルギー機器等の創出に向けて』経済産業省資源エネルギー庁、２０１５年3月版
『２０１８年版　ものづくり白書』経済産業省／厚生労働省／文部科学省（編）、２０１８年
『ＩＭＦ世界経済見通し（２０１９年1月時点）』国際通貨基金
『日本の経済―歴史・現状・論点』伊藤修、中公新書、２００７年
『超高齢社会２・０―クラウド時代の働き方革命』檜山敦、平凡社新書、２０１７年
『労働市場改革の経済学―正社員「保護主義」の終わり』八代尚宏、東洋経済新報社、２００９年
『働き方改革の経済学―少子高齢化社会の人事管理』八代尚宏、日本評論社、２０１７年
『失業なき雇用流動化―成長への新たな労働市場改革』山田久、慶應義塾大学出版会、２０１６年

◆第3章

『平成30年版防衛白書』防衛省、２０１８年
『平成30年版外交青書』外務省、２０１８年
『現代日本の地政学　13のリスクと地経学の時代』日本再建イニシアティブ、中公新書、２０１７年
『日本最悪のシナリオ―9つの死角』日本再建イニシアティブ、新潮社、２０１３年
『未来の年表―人口減少日本でこれから起きること』河合雅司、講談社現代新書、２０１７年
『カエルの楽園』百田尚樹、新潮社、２０１６年
『平和の地政学―アメリカ世界戦略の原点』ニコラス・J・スパイクマン、芙蓉書房出版、２００８年（原著１９４７年）
『マッキンダーの地政学―デモクラシーの理想と現実』H・J・マッキンダー、原書房、２００８年
『地政学の逆襲―「影のCIA」が予測する覇権の世界地図』ロバート・D・カプラン、朝日新聞出版、２０１４年
『外交（上・下）』ヘンリー・A・キッシンジャー、日本経済新聞社、１９９６年
『国際紛争―理論と歴史 原書第10版』ジョセフ・S・ナイ・ジュニア／デイヴィッド・A・ウェルチ、２０１７年
『スマート・パワー―21世紀を支配する新しい力』ジョセフ・S・ナイ、日本経済新聞出版社、２０１１年

『ソフト・パワー―21世紀国際政治を制する見えざる力』ジョセフ・S・ナイ、日本経済新聞社、2004年
『マハン海上権力史論』アルフレッド・T・マハン、原書房、2008年
『シー・パワー―その理論と実践（シリーズ軍事力の本質）』立川京一／道下徳成／塚本勝也／石津朋之、芙蓉書房出版、2008年
『戦争論（上・下）』カール・フォン・クラウゼヴィッツ、中公文庫、2001年
『空母いぶき 第1巻』かわぐちかいじ、小学館ビックコミックス、2015年
『大国の興亡―1500年から2000年までの経済の変遷と軍事闘争（上・下）』ポール・ケネディ、草思社、1988年
『China 2049―秘密裏に遂行される「世界覇権100年戦略」』マイケル・ピルズベリー、日経BP社、2015年
『米中もし戦わば―戦争の地政学』ピーター・ナヴァロ、文藝春秋、2016年
『中国軍を駆逐せよ！―ゴースト・フリート出現す（上・下）』P・W・シンガー、二見文庫―、2016年
『地政学で考える日本の未来―中国の覇権戦略に立ち向かう』櫻井よしこ、PHP文庫、2017年
『沖縄の不都合な真実』大久保潤／篠原章、新潮新書、2015年
『翁長知事と沖縄メディア―「反日・親中」タッグの暴走』仲新城誠、産経新聞出版、2015年
『沖縄問題―リアリズムの視点から』高良倉吉、中公新書、2017年
『本土の人間は知らないが、沖縄の人はみんな知っていること―沖縄・米軍基地観光ガイド』矢部宏治、書籍情報社、2011年
『サイバー空間を支配する者―21世紀の国家・組織・個人の戦略』持永大／村野正泰／土屋大洋、日本経済新聞出版社、2018年
『サイバーセキュリティと国際政治』土屋大洋、千倉書房、2015年
『サイバーセキュリティ』谷脇康彦、岩波新書、2018年
『ロボット兵士の戦争』P・W・シンガー、NHK出版、2010年
『団地と移民―課題最先端「空間」の闘い』安田浩一、KADOKAWA、2019年
『多文化共生と人権―諸外国の「移民」と日本の「外国人」』近藤敦、明石書店、2019年

『ふたつの日本―「移民国家」の建前と現実』望月優大、講談社現代新書、2019年
『日本の「中国人」社会』中島恵、日経プレミアシリーズ、2018年
『領土消失―規制なき外国人の土地買収』宮本雅史／平野秀樹、角川新書、2018年
『奪われる日本の森―外資が水資源を狙っている』平野秀樹／安田喜憲、新潮社、2010年
『日本、買います―消えていく日本の国土』平野秀樹、新潮社、2012年
『爆買いされる日本の領土』宮本雅史、角川新書　2017年
『日本が売られる』堤未果、幻冬舎新書、2018年
『国際テロリズム―その戦術と実態から抑止まで』安部川元伸、原書房、2017年
『テロリズムと現代の安全保障―テロ対策と民主主義』片山善雄、亜紀書房、2016年
『エネルギー産業の2050年 Utility3.0へのゲームチェンジ』竹内純子／伊藤剛／岡本浩／戸田直樹、日本経済新聞出版社、2017年
『原子力発電所長期停止の経済影響に関する一試算』日本エネルギー経済研究所、2018年
『福島第一原発事故の国民負担』日本経済研究センター、2017年、2019年（続編）
『国内原子力、再編は不可避に―信頼回復には情報公開と本音の議論』日本経済研究センター、2017年セミナー講演録

◆**第4章・序章**

『我が国と諸外国の若者の意識に関する調査（平成30年度）』内閣府、2019年
『小学校学習指導要領（平成29年告示）解説 特別の教科　道徳編』文部科学省、2017年
『現代日本人の意識構造〔第八版〕』NHK放送文化研究所（編）、NHKブックス、2015年
『和魂に学ぶ―日本人の源流を求めて』梶田叡一、東京書籍、2006年
『文部科学省「我が国の子供の意識に関するタスクフォース」における分析結果』文部科学省、2017年（第40回教育再生実行会議配布資料より）
『論語と「やせ我慢」―日本人にとって公共心とは何か』羽深成樹、PHP研究所、2014年
『国家と教養』藤原正彦、新潮新書、2018年

『ＦＡＣＴＦＵＬＮＥＳＳ―10の思い込みを乗り越え、データを基に世界を正しく見る習慣』ハンス・ロスリング、日経ＢＰ、２０１９年
『ファクトチェックとは何か』立岩陽一郎／楊井人文、岩波ブックレット９８２、２０１８年
『ＮＥＷ ＰＯＷＥＲ―これからの世界の「新しい力」を手に入れろ』ジェレミー・ハイマンズ／ヘンリー・ティムズ、ダイヤモンド社、２０１８年

【謝　辞】

約1年にわたってフォーラム21のプログラムの中で、私たちは様々な方からご意見を伺い、また多様な体験の場をご提供いただきました。皆さまのご指導・ご協力をいただいたからこそ、本書を上梓することができました。ここに感謝申し上げます。

◆第1章
小国士朗氏（注文を間違える料理店 発起人）
落合歩氏（リクルートブライダル総研 所長）
河合雅司氏（人口減少対策総合研究所　理事長）
キャシー松井氏（ゴールドマン・サックス証券株式会社 副会長）
甲田恵子氏（㈱ＡｓＭａｍａ 代表取締役社長・ＣＥＯ）
田中和子氏（博報堂リーママプロジェクトファウンダー　エグゼクティブコミュニティプロデューサー）
田村浩之氏（㈱資生堂ＨＲビジネスサービス室 室長）
豊田剛一郎氏（㈱メドレー 代表取締役医師）
永瀬伸子氏（お茶の水女子大学 学長補佐）
新居日南恵氏（㈱ｍａｎｍａ 代表取締役社長）
長谷川敦弥氏（㈱ＬＩＴＡＬＩＣＯ 代表）
山田昌弘氏（中央大学文学部 教授）
㈱ＮＴＴデータ
ＫＤＤＩ㈱
サントリーホールディングス㈱
㈱ツヴァイ
東京書籍㈱

◆**第2章**

西口尚宏氏（一般社団法人Japan Innovation Network）

原丈人氏（一般財団法人アライアンス・フォーラム財団）

平田勝則氏（コネクテックジャパン㈱）

町田史隆氏（ASEANPLUS CONSULTING PTE LTD）

松橋卓司氏（㈱メトロール）

丸田洋氏（㈱穂海）

日本アイ・ビー・エム㈱

㈱日立製作所 横浜研究所

㈱みずほ銀行

イスカンダル開発公社（IRDA）

在シンガポール日本国大使館

シンガポール国際企画庁（IE Singapore）特別顧問 チュア・テック・ヒム氏

メディニ・イスカンダル・マレーシア社

ラジャラトナム国際学院（RSIS）

ISEAS（Institute of Southeast Asian Studies）

JBIC国際協力銀行 シンガポール駐在員事務所

JETRO（日本貿易振興機構）シンガポール事務所

OKブロックチェーン・センター社

◆**第3章**

㈱アストロスケール

スカパーJSAT㈱

公益財団法人公共政策調査会 研究センター

ホテルマネージメントインターナショナル㈱

東芝エネルギーシステムズ㈱ 水素エネルギー事業統括部
その他、関係省庁・団体など

◆第4章・序章
浅見哲也氏（文部科学省 初等中等教育局教育課程課 教科調査官）
穴井雄治氏（中央公論編集長）
石山恒貴氏（法政大学大学院 政策創造研究科長・教授）
伊藤和真氏（㈱PoliPoli ＣＥＯ）
鵜尾雅隆氏（ＮＰＯ法人日本ファンドレイジング協会 代表理事）
岡田聡氏（Yahoo!JAPAN メディアチーフエディター）
小城武彦氏（日本人材機構 代表取締役社長）
小国士朗氏（㈱小国士朗事務所 代表取締役）
加藤勝信氏（衆議院議員 自由民主党総務会長）
金泉俊輔氏（㈱ニューズピックス 編集長）
川村隆氏（東京電力ホールディングス㈱ 取締役会長）
片山杜秀氏（慶應義塾大学法学部 教授）
ケネス・盛・マッケルウェイン氏（東京大学社会科学研究所 教授）
小沼大地氏（ＮＰＯ法人クロスフィールズ 共同創業者代表理事）
小林喜光氏（㈱三菱ケミカルホールディングス 取締役会長）
小林りん氏（UWC ISAK Japan 代表理事）
嵯峨生馬氏（ＮＰＯ法人サービスグラント 代表理事）
佐々木晃氏（佐々木酒造㈱ 代表取締役）
佐藤正隆氏（SOCIAL ACTION COMPANY㈱ ＣＥＯ）
澤田浩一氏（文部科学省 初等中等教育局教育課程課 教科調査官）
渋澤健氏（コモンズ投信㈱ 会長）

鈴木雅剛氏（㈱ボーダレス・ジャパン 代表取締役副社長）
高橋伸夫氏（東京大学経済学部 教授）
竹谷裕哉氏（㈱Gunosy 代表取締役CEO）
田中孝宜氏（NHKラジオセンター エグゼクティブ アナウンサー）
坪田知宏氏（文化庁 参事官）
デービッド・アトキンソン氏（㈱小西美術工藝社 社長）
豊田義博氏（リクルートワークス研究所 主幹研究員）
中山泰男氏（セコム㈱ 代表取締役会長）
新浪剛史氏（サントリーホールディングス㈱ 代表取締役社長）
西田亮介氏（東京工業大学リーダーシップ教育院／リベラルアーツ研究教育院／環境・社会理工学院 准教授）
樋口雅夫氏（玉川大学教育学部 教授）
船橋力氏（文部科学省 官民協働海外留学創出プロジェクト トビタテ！留学JAPAN プロジェクトディレクター）
藤野敦氏（文部科学省 初等中等教育局教育課程課 教科調査官）
古田大輔氏（BuzzFeed Japan 創刊編集長）
松本保博氏（松本酒造㈱ 代表取締役社長）
松本信彦氏（マンズワイン㈱ 小諸ワイナリー 常任顧問）
山腰修三氏（慶應義塾大学メディア・コミュニケーション研究所 准教授）
山本博文氏（東京大学史料編纂所 教授）
横山研治氏（立命館アジア太平洋大学 副学長）
横山禎徳氏（東京大学 EMP企画・推進責任者）
渡辺洋之氏（㈱日本経済新聞社 常務取締役デジタル事業担当）

【執筆者一覧】

礒根秀和（全日本空輸株式会社）、市川靖之（総務省）、伊東達也（株式会社日立製作所）、大坪治（ソニー株式会社）、沖中啓二（出光興産株式会社）、荻野賢二（三井不動産株式会社）、尾関昌樹（ヤマトグローバルエキスプレス株式会社）、織井亮（東京電力ホールディングス株式会社）、金戸正登（株式会社みずほ銀行）、亀谷満（リフォームスタジオ株式会社）、木村貴浩（三菱重工エンジニアリング株式会社）、塩見大輔（株式会社ＮＴＴデータ）、篠田智志（文部科学省）、菅原清行、鈴木祥子（富士ゼロックス株式会社）、孫工裕史（日本アイ・ビー・エム株式会社）、高島陽二（東日本旅客鉄道株式会社）、高野博（日本生命保険相互会社）、財部浩司（鹿島建設株式会社）、瀧嶋忍（三菱商事株式会社）、塚田哲也（サントリーホールディングス株式会社）、中西謙介（日本製鉄株式会社）、夏目守康（株式会社電通）、西井令子（株式会社ＮＴＴファシリティーズ）、西川和見（経済産業省）、西村聞多（財務省）、畠山良平（東日本電信電話株式会社）、牧宏至（花王株式会社）、増田裕一郎（国土交通省）、松本敏弘（セコム株式会社）、松山康子（本田技研工業株式会社）、丸山潤、三上卓矢（農林水産省）、三宅川元孝（大日本印刷株式会社）、屋敷光俊（株式会社小松製作所）、山口調（日本電信電話株式会社）、山下英峰（オリックス株式会社）、山下護（厚生労働省）、横田和司、渡部真司（東レ株式会社）

（50音順）

※本書の意見や提言は個人の立場で書かれたものであり、所属する企業や官庁の見解ではありません。

フォーラム21・梅下村塾

フォーラム21は、日本を牽引する次世代リーダーの交流育成を目的に、1987年、真藤恒（当時日本電信電話株式会社社長）、小林陽太郎（当時富士ゼロックス株式会社社長）、梅津昇一（当時株式会社ユーエス・コーポレイション社長）の三氏が中心となって設立された異業種交流機関である。1999年、今井敬氏（当時新日本製鐵株式会社会長・経団連会長）が「平成の松下村塾たれ」との思いでこれに「梅下村塾《ばいかそんじゅく》」と命名した。同塾は、梅津昇一氏が〈塾長〉として主宰し、毎年、主要企業などから推薦を受けた中堅幹部が参加している。一期一年、これまで（1期〜32期）の修了生は1071名にのぼり、その中から企業社長など各界トップを多数輩出、日本を牽引するリーダーたちの巨大なネットワークを形成している。

http://www.forum21.gr.jp

令和時代の日本人
〜つながる力×自分ごと化〜

二〇一九年一〇月三一日　初版発行

著作者　フォーラム21・梅下村塾32期生　©2019

発行所　丸善プラネット株式会社
〒一〇一-〇〇五一
東京都千代田区神田神保町二-一七
電話（〇三）三五一二-八五一六
http://planet.maruzen.co.jp/

発売所　丸善出版株式会社
〒一〇一-〇〇五一
東京都千代田区神田神保町二-一七
電話（〇三）三五一二-三二五六
https://www.maruzen-publishing.co.jp/

編集／有限会社アーカイブ
組版／株式会社明昌堂
印刷・製本／大日本印刷株式会社

ISBN 978-4-86345-438-5 C0036